辜鸿铭讲论语

GUHONGMING JIANG LUNYU

辜鸿铭 著

河海大学出版社
HOHAI UNIVERSITY PRESS
·南京·

图书在版编目（CIP）数据

辜鸿铭讲论语 / 辜鸿铭著. -- 南京 ：河海大学出版社，2020.3
　　ISBN 978-7-5630-6253-9

Ⅰ．①辜… Ⅱ．①辜… Ⅲ．①《论语》－研究 Ⅳ．①B222.25

中国版本图书馆CIP数据核字(2019)第286905号

书　　名 / 辜鸿铭讲论语
书　　号 / ISBN 978-7-5630-6253-9
责任编辑 / 毛积孝
特约编辑 / 李　路　　叶青竹
特约校对 / 王春兰　　黎　红
出版发行 / 河海大学出版社
地　　址 / 南京市西康路1号（邮编：210098）
电　　话 / （025）83737852（总编室）
　　　　　　（025）83722833（营销部）
经　　销 / 全国新华书店
印　　刷 / 三河市双峰印刷装订有限公司
开　　本 / 889mm×1230mm　1/32
印　　张 / 9.5
字　　数 / 201千字
版　　次 / 2020年3月第1版
印　　次 / 2020年3月第1次印刷
定　　价 / 79.80元

《大师讲堂》系列丛书
► 总序

/ 吴伯雄

梁启超说:"学术思想之在一国,犹人之有精神也。"的确,学术的盛衰,关乎一个民族的精神气象与文化氛围。民国是一个动荡不安的时代,内忧外患,较之晚清,更为剧烈,中华民族几乎已经濒临亡国灭种的边缘。而就是在这样日月无光的民国时代,却涌现出了一批批大师,他们不但具有坚实的旧学基础,也具备超前的新学眼光。加之前代学术的遗产,西方思想的启发,古义今情,交相辉映,西学中学,融合创新。因此,民国是一个大师辈出的时代,梁启超、康有为、严复、王国维、鲁迅、胡适、冯友兰、余嘉锡、陈垣、钱穆、刘师培、马一孚、熊十力、顾颉刚、赵元任、汤用彤、刘文典、罗根泽……单是这一串串的人名,就足以使后来的学人心折骨惊,高山仰止。而他们在史学、哲学、文学、考古学、民俗学、教育学等各个领域所取得的成就,更是创造出了一个异彩纷呈的学术局面。

岁月如轮,大师已矣,我们已无法起大师于九原之下,领教大师们的学术文章。但是,"世无其人,归而求之吾书"(程子语)。

大师虽已远去，他们留下的皇皇巨著，却可以供后人时时研读。时时从中悬想其风采，吸取其力量，不断自勉，不断奋进。诚如古人所说："圣贤备黄卷中，舍此安求？"有鉴于此，我们从卷帙浩繁的民国大师著作当中，精心编选出版了这一套"大师讲堂系列丛书"，分辑印行，以飨读者。原书初版多为繁体字竖排，重新排版字体转换过程当中，难免会有鲁鱼亥豕之讹，还望读者不吝赐正。

吴伯雄，福建莆田人，1981年出生。2003年考入福建师范大学古代文学研究系，师从陈节教授。2006年获硕士学位。同年9月考入复旦大学中文系古代文学专业，师从王水照先生。2009年7月获博士学位。同年9月进入福建师范大学文学院古代文学教研室工作。推崇"博学而无所成名"。出版《论语择善》(九州出版社)，《四库全书总目选》(凤凰出版社)。

目录

学而第一 | 001

为政第二 | 014

八佾第三 | 029

里仁第四 | 045

公冶长第五 | 057

雍也第六 | 072

述而第七 | 089

泰伯第八 | 108

子罕第九 | 120

乡党第十 | 137

先进第十一 | 148

颜渊第十二 | 164

子路第十三 | 181

宪问第十四 | 198

卫灵公第十五 | 221

季氏第十六 | 243

阳货第十七 | 255

微子第十八 | 272

子张第十九 | 280

尧曰第二十 | 292

学而第一

（一）子曰："学而时习之，不亦说乎？有朋自远方来，不亦乐乎？人不知而不愠，不亦君子乎？"

辜译

孔子说："不断地学习知识，并时常温习，然后把所学到的知识应用到现实生活中去，这是一件很快乐的事。志同道合的朋友因仰慕你而从很远的地方赶来看望你，则是件更快乐的事。如果一个人即使被人误会，也能不怨恨、不恼怒，而选择泰然处之，便可称得上正人君子。

辜解

子曰:"学而时习之,不亦说乎?有朋自远方来,不亦乐乎?人不知而不愠,不亦君子乎?"孔子在这里所说的,完全是出于一个真正有教养之人的经验之谈。它表明,要想成为真正有修养的人须有什么样的精神、什么样的品格以及什么样的心态。一个真正有修养的人,首先应对其研究的对象倾注全部的、无私的爱。而只有钟情于学,他才能明白其所学。现在人们正大肆谈论着已经声名狼藉的中国古代教育体制的缺点,可就我根据孔子的经典来看,它还是有其优点的。在古代的教育体制下,某位学生如果能有幸成为一名真正的受过教育者,那么他一定是一名君子,是一名真正具有思想修养的人。而当人们谈及引进到中国的新的教育体制和教育制度时,我心中对此表示怀疑。

(二)有子曰:"其为人也孝弟,而好犯上者,鲜矣;不好犯上,而好作乱者,未之有也。君子务本,本立而道生。孝弟也者,其为仁之本与?"

辜译

孔子的学生有子说:"一个人若孝顺父母,敬爱兄长,便绝不会以下犯上;而不会以下犯上的人,也绝不会破坏国家的和平与安定。君子会把精力放在基础的事务上,根本建立了,为人处世的智慧便由此而生。所以,孝顺父母,敬爱兄长——这难道不是'仁爱'的基础吗?"

辜解

我把"孝弟"译成"成为孝子和良民"。第二个字"弟",只不过具有表面意思,指的是兄弟之弟,进而还有年幼、年轻的意思。如果再进一步,作为修饰语,它指的是处于某位在年龄、地位或威望高者下面的年轻人,对上者谦恭或遵从法律。如果能对上者谦恭和遵从法律,他不是一个良民又是什么呢?孟子也说过类似的话:"爱其亲,畏其上,世永昌。"爱其亲为"孝",即为孝子;畏其上为"弟",即为良民。

(三)子曰:"巧言令色,鲜矣仁。"

辜译

孔子说:"满嘴花言巧语却面目伪善的人,绝不是德高望重的人。"

（四）曾子曰："吾日三省吾身。为人谋而不忠乎？与朋友交而不信乎？传不习乎？"

辜译

孔子的学生曾子说："我每天从三个方面进行自我反省：第一，为别人办事是不是尽心尽力了？第二，与朋友交往是不是做到诚实守信了？第三，老师传授给我的学业是不是温习了？"

（五）子曰："道千乘之国，敬事而信，节用而爱人，使民以时。"

辜译

孔子说："治理一个大国，需要严谨认真地处理国家大事，恪守信用，施令及时；节约财政开支，爱护官吏，役使百姓得避开农忙时节。"

辜解

孔子曰："道千乘之国，敬事而信，节用而爱人，使民以时。"朱熹将"敬事而信"解释为"做好自己的分内之事以取信于民"。

我认为"信"应该解释为"有恒",如唐诗"早知潮有信,嫁于弄潮儿"。

我记得当年徐致祥弹劾张之洞的奏折中有一条指责他"起居无节",意思是说他"工作休息没有节制",后来李翰章又上奏说张之洞"治簿书至深夜"。同一件事情,称赞张之洞的人说他经常工作至深夜,而诋毁他的人却说他工作休息没有节制。说他半夜还在工作,这就是"敬事";说他工作休息没有节制,这就是"无信"。如果一个人只有"敬事"而"无信",也会百事俱废,徒劳无功。

西方人治理国家、处理政务,之所以能够百废俱举,把各项事务都处理得井井有条,就是践行了《论语》"敬事而信"的做法。北宋赵普曾说:"半部《论语》可治天下。"而我则以为,就凭"敬事而信"这半条《论语》也可以振兴中国。今天中国官场上下,如果都能做到"敬事而信",那么州县长官就不用一年三百六十天有三百天都坐在官衙里了。

我又想起刘忠诚公(刘坤一)去世以后,张之洞调任两江总督,为了节省开支,他下令衙门里的所有幕僚全都自备伙食。幕属们为此苦不堪言,甚至多有抱怨。恰好当年会试试题就是《论语》"道千乘"这一章。我因此戏谓同僚说:"咱们张大帅可谓敬事而无信,只知道节省开支却不知道爱惜人才啊!人们都说大帅的学问贯通古今,我却觉得,大帅的学问即使是《论语》这一章,他也只读通了一半。"听者无不捧腹大笑。

（六）子曰："弟子入则孝，出则弟，谨而信，泛爱众，而亲仁，行有余力，则以学文。"

辜译

孔子说："年轻人在家就应做个孝子，在外面就应做个良民，必须做到言行谨慎，诚实可信，与别人交往时要充满友爱，对于德高望重的人要亲近。这样躬行实践之后，如果还有余力的话，就再去学习文化知识。"

辜解

作为个人，我们必须首先考虑人的生活目的。换言之，即人应该做些什么？什么是人？英国思想家弗老德说："我们欧洲人，从来没有思考过人是什么。"而我们东洋人则早已全然领会了人生的目的，那就是"入则孝，出则弟"，即在家为孝子，在国为良民。这就是孔子展示给我们的人生观，也就是对于长者即真正的权威人士必须尊敬，并听从他的指挥。"孝悌人之本"，是中国人的生活观，也是东洋人的人生观。

（七）子夏曰："贤贤易色，事父母能竭其力；事君能致其身；与朋友交，言而有信。虽曰未学，吾必谓之学矣。"

辜译

孔子的学生子夏说："一个人尊重贤者的美德，胜过喜欢女子的美貌；侍奉父母，能够竭尽全力；忠于君主，能够舍生取义；同朋友交往，能够言而有信。这样的人，即便他没有接受过教育，我也必须承认他是一个有教养的人。"

辜解

孔子最优秀的学生之一子夏认为，如果做到了"贤贤易色，事父母能竭其力；事君，能致其身；与朋友交，言而有信"，这样的人即使没有什么学问，"我"也会觉得他是一个有教养的人。贤贤，即尊重贤者，也就是说，在和别人交往时，要能看到别人身上值得学习的地方，也能够竭忠尽智。具体而言：侍奉父母，能竭尽全力；忠于君主，能舍生取义；与朋友交往，能言而有信。这应该是我们进行社会教育的一个重要目标。英国有一位女作家也表达过这样的意思："如果只懂得读写，接触再多的知识也只能培养出无赖；与其如此，还不如让这些缺乏真正人格的人远离教育。"

（八）子曰："君子不重则不威，学则不固；主忠信，无友不如己者；过则勿惮改。"

辜译

孔子说："君子如果不庄重，就得不到别人的尊重，所学的知识也不会巩固；尽职尽责，要以忠信为准则；不和品行不如自己的人交朋友；如果有不良习惯，就该毫不犹豫地改正。"

（九）曾子曰："慎终追远，民德归厚矣。"

辜译

孔子的学生曾参说："通过悼念死者，追忆久远的过去，能够唤醒人们的道德情感，并使之趋于深厚。"

辜解

孔子曾指出："践其位，行其礼，奏其乐，敬其所尊，爱其所亲，事死如事生，事亡如事存，孝之至也。"意思是说，当我们继承了父辈的位置，举行着和他们一样的礼仪，演奏着和他们一样的音乐，尊敬着他们所尊敬的事物，热爱着他们所热爱的东西，尽管他们已经去世，我们仍然要像他们还活着一样侍奉他们。这就是孝的最高境界。

孔子的后学曾参也说："慎终追远，民德归厚矣。"意思是说，通过悼念死者，追忆久远的过去，可以使人们的道德趋于淳厚。在各种道德准则中，对君主和国家的忠诚是处于最高等级的，就像在宗教教义中，最高等级的准则是对神或上帝的敬畏一样。而在儒家看来，只有孝敬父母的人，才能做到忠君爱国。

（十）子禽问于子贡曰："夫子至于是邦也，必闻其政。求之与，抑与之与？"子贡曰："夫子温、良、恭、俭、让以得之。夫子之求之也，其诸异乎人之求之与？"

辜译

子禽问孔子的学生子贡说："老师每到一个国家，总是能听到这个国家的政事。这是他自己去求得的呢，还是人家主动告诉他的？"子贡回答说："老师温顺、善良、恭敬、俭朴、谦让，因此才能得到他想要的信息。老师获得信息的方式，总是有别于旁人。"

（十一）子曰："父在，观其志；父没，观其行；三年无改于父之道，可谓孝矣。"

辜译

孔子说："父亲在世的时候，儿子应该观察父亲的志向；而父亲离世后，儿子应牢记父亲是如何处事的，并判断其是否合理；若父亲去世三年后，儿子仍不改父亲正确的处事准则，并能坚持下去，这样的儿子便可以称作'孝'了。"

（十二）有子曰："礼之用，和为贵。先王之道，斯为美。小大由之，有所不行。知和而和，不以礼节之，亦不可行也。"

辜译

孔子的学生有子说："关于礼的作用，以顺其自然、恰到好处为贵。古代明君的治国之道，最宝贵的正在于此。但如果所有的事情一味地按照和谐的原则去做，有时候也是行不通的。单纯为了和谐而和谐，却不能用礼来节制，也是不可行的。"

辜解

中国自古就以礼仪之邦自居，而且人们一般把这种传统归因于孔子，或者更早时期的周公。孔子的弟子有若曾说："礼之用，和为贵。先王之道，斯为美。"同时儒家还认为："礼者，敬人也。"我们知道，对一个民族礼仪风俗的判断应该基于对此民族的道德原则的认识之上。对一个民族的历史没有了解，也就无法对该民族的社会制度形成正确的判断。而且，对政府和国家政治机构的研究，也必须基于对他们的哲学原则和历史知识的理解之上。所以，想要对中国古代儒家政治有所研究，从"礼"出发应该是一条捷径。

（十三）有子曰："信近于义，言可复也；恭近于礼，远耻辱也；因不失其亲，亦可宗也。"

辜译

孔子的学生有子说："只有在正确的范围内做出承诺，你才能信守诺言。只有经过正确的判断，并在符合礼的情况下保持诚信，你才会远离耻辱。只有和值得信赖的人交朋友，你们的关系才会可靠。"

（十四）子曰："君子食无求饱，居无求安，敏于事而慎于言，就有道而正焉，可谓好学也已。"

辜译

孔子说："君子在饮食方面不要求食欲的饱足，在居住方面不要求奢求舒适，敏于行而慎于言，并且总是寻找有道德的人为伴来匡正自己的德行。通过这种方式，他便有可能成为一个有学问的人。"

（十五）子贡曰："贫而无谄，富而无骄，何如？"子曰："可也。未若贫而乐，富而好礼者也。"子贡曰："《诗》云：'如切如磋，如琢如磨。'其斯之谓与？"子曰："赐也，始可与言《诗》已矣，告诸往而知来者。"

辜译

孔子的学生子贡问道："虽然贫穷却不谄媚，虽然富有却不骄纵，您认为怎么样？"孔子回答道："这也算可以了。尽管这还不如虽然贫穷却乐于道，虽然富贵却喜好礼仪。"

子贡说："我明白了。就是说要像对待骨、角、象牙和玉石一样，需要不断切磋琢磨，人也必须经过一番艰苦磨砺才会有所成就。您说的就是这个意思吧？"孔子回答："很好！现在我可以给你讲

《诗》了，我看你已经明白了如何举一反三。"

辜解

少年辛苦终身事，孔子也说自己"十有五而志于学"。因此想要在学问上有所成就，就必须首先确立"安贫乐道"的学习志向，而不能只为谋生赚钱。我的朋友加伊路斯博士是个中国通，他曾说："为了学中国话，我错失了很多赚钱的机会。"从一定程度上来说，学习中国语言文化与好工作、赚钱之间有着不可调和的矛盾，就像西方一些人致力于研究莎士比亚或华兹华斯就必然受穷一样。

因此我要真诚地告诫热衷于中国语言和文化的西方人：你们必须放弃优越的物质条件，一如你们的骄傲自大，通过他人的肤色来看他们的人格价值和社会价值。四亿中国人同样是上帝的子民，他们不是为了西方人的享乐而存在，而是可以给予西方人学习真正的社会和人生价值的机会。

（十六）子曰："不患人之不己知，患不知人也。"

辜译

孔子说："一个人不要怕别人不了解自己，而应该关心自己是否能理解别人。"

为政第二

（一）子曰："为政以德，譬如北辰，居其所而众星共之。"

辜译

孔子说："统治者如果能依靠道德来处理政事，他的地位就能如北极星一般稳固，而群星也会围绕它来运转。"

（二）子曰："《诗》三百，一言以蔽之，曰'思无邪'。"

辜译

孔子说："《诗经》三百首中的道德观念如果用一句话来总结的话，那就是：'思想纯正'。"

辜解

　　《诗经》是中国最古老的一部文学作品，充分反映了中国人精神的双重属性完美结合的特点，是中国人内心的真实写照。孔子评价说它最核心的精神就是"思无邪"，也就是每首诗所指向的都是一颗孩童般纯洁的心灵。英国近代著名诗人、教育家、评论家马修·阿诺德关于《荷马史诗》的评论与此颇有相通之处，他说："《荷马史诗》不仅具有深刻触及人性天然心灵的能量——这是伏尔泰都无法达到的，而且显示了连伏尔泰都赞美的那种纯洁而理性的理解能力。"

　　（三）子曰："道之以政，齐之以刑，民免而无耻；道之以德，齐之以礼，有耻且格。"

辜译

　　孔子说："一个国家若只是用政法来引导百姓，用刑罚来整顿百姓（好借此让社会稳定），这样虽然能够让百姓免于犯罪，但他们却会失去对错误行径的羞耻感。相反，如果一个国家用道德教化来引导百姓，用良好的礼仪教育来维持秩序，那么百姓不仅对错误行为会有羞耻感，而且会将好的行为发扬光大。"

辜解

我曾谓客曰："周代末年自荀子以后再无儒士，如今自张之洞以后也再无儒臣。"客反问道："如今南洋大臣张安圃贴出告示，禁止官界、学界、军界嫖娼赌博，以维持社会风气为己任，难道他也算不上是儒臣吗？"

我回答说："孔子言：'道之以政，齐之以刑，民免而无耻；道之以德，齐之以礼，有耻且格。'贴出禁止嫖赌的告示，以政治法令来限制人、以刑罚处分来规范人，这是在行使政令，而非施以教化！但行使政令也要以大局为重，嫖赌是有伤风化的行为，百姓嫖赌，容易聚众闹事，扰乱社会秩序，这是违法乱纪的事情，必须用法律来制裁，所以禁止这些行为还情有可原；但是禁止官员嫖赌，从行政大局来说，也是荒谬至极的。古代所谓'刑不上大夫'，是为了培养他们的廉耻之心。而给百姓施以刑法政令，孔子尚且担心会让百姓不知廉耻。百姓不知廉耻，国家尚且可以保全；而如果官员、士大夫不知廉耻，我不知道国家如何还能保全了！如今官员们放纵无度，有失威严庄重，有伤风化，如果总督、巡抚一类的官员不明大体，以至于堂而皇之地把禁止嫖赌的告示张贴在妓院赌场以维持社会风化，殊不知这样做对社会风化的败坏要比士大夫放纵无度严重千百倍！"

（四）子曰："吾十有五而志于学，三十而立，四十而不惑，五十而知天命，六十而耳顺，七十而从心所欲，不逾矩。"

辜译

孔子说："我十五岁时立志于学习；三十岁时对外界的事物能形成自己的观点和判断；四十岁时（掌握了知识）不致被轻易迷惑；五十岁时领悟了天命真理；六十岁时能明辨是非；七十岁时能够随心所欲做自己喜欢的事情，且不逾越道德和法律。"

辜解

孔子曾说："五十而知天命。"这里的"天命"，是指宇宙的终极秩序。人类历史上很多哲学家都对它进行过命名，如德国人费希特称其为"宇宙的神圣理念"，中国古代哲学家则称其为"道"，或者"自然之道"。无论如何称呼，可以肯定的是，正是这些有关宇宙秩序的知识，使哲学家们看到了遵守自然规律和道德法律的必要性，因为它们都是宇宙秩序的一部分。

（五）孟懿子问孝。子曰："无违。"

樊迟御，子告之曰："孟孙问孝于我，我对曰无违。"樊迟曰："何谓也？"子曰："生，事之以礼；死，葬之以礼，祭之以礼。"

辜译

孔子故国的一位贵族孟懿子曾问孔子如何方能称为一个孝子。孔子回答："不要违背你该做的事情。"

后来，当孔子的学生樊迟给孔子驾车时，孔子告诉他说："孟懿子问我一个孝子应该做什么，我回答说：'不要违背你该做的事情。'"

樊迟问："您这么说是什么意思？"

"我的意思是，"孔子回答，"父母活着的时候，要按该有的礼节侍奉他们；父母去世后，要按该有的礼节埋葬并祭祀他们。"

（六）孟武伯问孝。子曰："父母唯其疾之忧。"

辜译

孟懿子的儿子孟武伯在父亲死后，也如其父一样问了孔子同样的问题（关于孝）。孔子回答："只要想想当你生病的时候，父母有多么焦虑，你就知道该如何对父母尽孝了。"

（七）子游问孝。子曰："今之孝者，是谓能养。至于犬马，皆能有养，不敬，何以别乎？"

辜译

孔子的学生子游也问过孔子关于孝的问题，孔子回答："当今人们认定的所谓孝道，好像仅仅能赡养父母就行了。但就连狗和马也能得到饲养，若是对父母没有敬爱和尊重，和饲养动物又有什么区别呢？"

（八）子夏问孝。子曰："色难。有事，弟子服其劳；有酒食，先生馔，曾是以为孝乎？"

辜译

孔子的另一位学生子夏也问过孔子关于孝的问题。孔子回答说："孝这件事，难就难在面对父母时常保持愉悦的态度。如果仅仅是有需要年轻人做的事情便去做了，有好酒美食的时候供给父母一起享用——难道这就可以被认为是孝了吗？"

辜解

子夏问:"何为孝?"孔子回答说:"色难(困难的是方式和态度)。有事,弟子服其劳;有酒食,先生馔,曾是以为孝乎?"孔子同时代的道德家们认为,孩子必须为父母劈柴挑水,给父母最好的食物和酒,这就是孝。而孔子却说:"不,那些并不是孝道。"因为真正的孝并不仅仅体现在对父母的义务方面,更体现在以什么方式、态度和精神状态去完成这些义务。所以孔子说,难就难在做事情时的态度——也就是"色难"。

(九)子曰:"吾与回言终日,不违,如愚。退而省其私,亦足以发,回也不愚。"

辜译

孔子在谈到他最喜欢的学生颜回时说:"我终日和颜回讲学,在这期间他对我说的话几乎从不提任何反对意见,看起来好像很愚蠢。但是当他回去后,我反观他的言谈举止,却发现他能从我告诉他的话里面受益,可见他并不愚蠢。"

（十）子曰："视其所以，观其所由，察其所安，人焉廋哉？人焉廋哉？"

辜译

孔子说："想要了解一个人，只需仔细观察他的所作所为和方式方法，并从中找出他的志趣，那么他还能掩饰自己吗？他还能隐藏什么呢？"

（十一）子曰："温故而知新，可以为师矣。"

辜译

孔子说："如果一个人既能不断复习学过的知识，又能不断补充新的知识，他就可以做老师了。"

（十二）子曰："君子不器。"

辜译

孔子说："君子不会把自己变成一件有固定用途的器皿。"

辜解

《易传》中说:"形而上者谓之道,形而下者谓之器。"这里的"道",是本质的集合;这里的"器",是现象的总称。小人只看重现象而不重视本质,君子重视本质而不重视现象。小人重现象,所以经常被现象蒙蔽了本质;君子重视本质,所以能通过本质把握现象。而要想通过本质来把握现象,就必须知道如何利用本质。所谓权衡,就是知道如何利用本质。

(十三)子贡问君子。子曰:"先行其言而后从之。"

辜译

子贡问孔子,什么样的人才算是君子。孔子回答:"一个人若能做到先行后言,并根据自己所做的实事去说话,就能称作君子了。"

(十四)子曰:"君子周而不比,小人比而不周。"

辜译

孔子说:"君子会团结别人,却不会勾结别人;小人会勾结别人,却不会团结别人。"

辜解

对于很多人来说,"不道德"指的是饮威士忌酒,抽烟或吸食鸦片,或与异性保持不正当的关系。而在歌德看来,"不道德"的含义远不止此,它指的是更深一层的东西。歌德以为,"不道德"指的是自私和卑鄙。孔子曰:"君子周而不比,小人比而不周。"我把中文"小人"译成"平常的人",从字面上看是"小人物",也就是理雅各博士所说的"渺小的人",而已经去世的阿查立爵士则把它译成"粗鄙无礼的人"。

(十五)子曰:"学而不思则罔,思而不学则殆。"

辜译

孔子说:"只知道读书学习,而不去思考,便会枉费精力而无收获;只是一味思考而不去学习,就会陷入迷茫。"

(十六)子曰:"攻乎异端,斯害也已。"

辜译

孔子说:"放任自己埋头钻研那些不正确的理论,这是非常有害的。"

辜解

孔子曾对学生说:"攻乎异端,斯害也已。"这里的"异端",是指老庄之类的哲学,如果把它作为药剂来使用,还是有用的,但是如果把它当饭吃,那就有弊无利了。再如拉茨萨尔这样的思想,对于欧洲社会是有用的,因为现代欧洲社会并不健康,它需要拉茨萨尔这样的思想药剂;但他的这种思想对于一个健康的社会或国家,则是没有必要的。孔子在批评那些只注重形式而忽略本质的礼乐行为时曾说:"礼云礼云,玉帛云乎哉?"也就是说,礼并不是这些金玉其外的东西。我听说日本政府打算在上海建一座博物馆,但我认为,那些陈列在里面的骨质古董并非真正的艺术品——日本与其用钱来建筑博物馆,还不如用来帮助贫穷的日本妇女。

(十七)子曰:"由,诲女知之乎?知之为知之,不知为不知,是知也。"

辜译

孔子对学生仲由说:"由,我教你关于理解的正确态度,知道就是知道,不知道就是不知道,这就是理解。"

（十八）子张学干禄，子曰："多闻阙疑，慎言其余，则寡尤；多见阙殆，慎行其余，则寡悔。言寡尤，行寡悔，禄在其中矣。"

辜译

孔子的学生子张想学谋取官职俸禄的办法，孔子说："多读多听，存疑之处加以保留，确信之处谨慎说出，这样便不会轻易招致指责。要深入社会体察世事，同时要保持一定的距离，不要让自己卷入麻烦。然后，注意自己的行为，以免让自己觉得懊悔。与人交往时不给别人攻击的机会，让自己懊悔的机会也少，这种情况之下，即便你不想升官也是不可能的。"

（十九）哀公问曰："何为则民服？"孔子对曰："举直错诸枉，则民服；举枉错诸直，则民不服。"

辜译

鲁哀公问孔子，怎么做才能保证百姓服从统治。孔子回答："坚持做正确的事情，不做不正确的事情，百姓就会服从统治。但是，如果坚持做不正确的事情而放弃正确的事情，那百姓就不会服从。"

（二十）季康子问："使民敬、忠以劝，如之何？"子曰："临之以庄，则敬；孝慈，则忠；举善而教不能，则劝。"

辜译

孔子祖国有一位在政府担任部长的贵族季康子问孔子："怎么做才能得到百姓的尊重和忠诚，并让他们为了国家利益而贡献力量呢？"孔子回答："你若能认真对待百姓，百姓就会尊敬你；你若能孝顺父母，为国尽忠，礼贤下士，百姓就会忠诚于你；你若能提拔贤才，勤于教化，百姓就会为国家贡献力量。"

辜解

孔子最伟大的贡献，就是给中国人提供了一种真正的、理性的、永恒的、绝对的国家理念，而且在给出这种理念时又创造了一种宗教——国家宗教。

（二十一）或谓孔子曰："子奚不为政？"子曰："《书》云：'孝乎惟孝，友于兄弟，施于有政。'是亦为政，奚其为为政？"

辜译

有人问孔子:"您为什么不出来参与国政呢?"孔子回答:"《尚书》中提到孝子的义务说:'孝顺父母,友爱兄弟,并将家里的这种风气影响到政治上去。'这其实就是参与政治,为什么一定要出来做官呢?"

(二十二)子曰:"人而无信,不知其可也。大车无輗,小车无軏,其何以行之哉?"

辜译

孔子说:"我不知道一个人若没有信誉将如何自处。就像大马车没有挽具,小马车没有马具,又将如何行进呢?"

(二十三)子张问:"十世可知也?"子曰:"殷因于夏礼,所损益可知也;周因于殷礼,所损益可知也。其或继周者,虽百世,可知也。"

辜译

孔子的学生子张问是否能预知十代以后的社会文明礼仪。孔子回答:"殷朝继承了夏朝的礼仪制度,其中在原有的基础上做了哪些修改是很清楚的。如今周朝继承了殷朝的文明,它在前朝的基础上做了哪些修改也很清楚。所以,如果真的出现朝代更替,那么即便是百代之后,其文明礼仪也是可以预知的。"

(二十四)子曰:"非其鬼而祭之,谄也。见义不为,无勇也。"

辜译

孔子说:"如果不是出于真正的情感或敬意而去拜神,便是盲目崇拜;知道什么是正确的,却没有按照自己的判断去做事,便是怯懦。"

辜解

孔子曰:"非其鬼而祭之,谄也。见义不为,无勇也。""谄"的意思是"谄媚"。孔子认为,"非其鬼而祭之"的"盲目拜祭"是受卑鄙动机驱使所进行的拜祭。直到今天,一些受过教育的人谈起佛教徒时,仍说他们"媚佛",即向佛献殷勤,阿谀奉承或巴结谄媚。

八佾第三

（一）孔子谓季氏："八佾舞于庭，是可忍，孰不可忍也？"

辜译

鲁国的掌权贵族首领季平子在家族祠堂的祭祀中雇佣了八组乐队（六十四人），而这是一种皇家才能享有的特权。孔子听到后评论说："如果这都能做，还有什么做不出来的呢？"

（二）三家者以《雍》彻。子曰："'相维辟公，天子穆穆'，奚取于三家之堂？"

辜译

上面提到的权势贵族季孙氏在祭祀结束的时候，吟诵了一首只有在皇家祭祀中才能使用的诗。孔子评论说:"这首诗是这样开始的:'王公贵族围四周,天子庄严而肃穆。'在这个贵族的家族祠堂中,用这首诗的这几句来描述合适吗?"

(三)子曰:"人而不仁,如礼何?人而不仁,如乐何?"

辜译

孔子说:"一个人如果没有高尚的品德,再完善的礼仪制度对他来说有什么用呢?一个人如果没有高尚的品德,再动听的音乐对他来说又有什么用呢?"

辜解

一伙人用暴力在一个一直守寡的老太太家里进行抢劫比赛,因比赛过于激烈,致使房屋着火。这时他们会怎么办呢?乱臣会说:"把这个老太婆赶出去!"贼子则会说:"让她赔偿我们的损失,然后继续为我们看管房屋。"而正人君子会奉劝他们说:"如果你们实在没有诚意和本钱赔偿老太太的损失,至少也应该诚恳地向她表达歉意。最起码,有一件事你们应该做到,那就是以后要规矩一点。"如果整个社会人而不仁,人而无礼,那么会混乱成什么样子呢?

（四）林放问礼之本。子曰："大哉问！礼，与其奢也，宁俭；丧，与其易也，宁戚。"

辜译

孔子的学生林放问孔子，礼仪的本质是什么。"这是个很有意义的问题呀！"孔子回答说，"对于一般的社会礼仪来说，与其奢华，不如简朴；比如就丧礼而言，应有发自内心的悲伤，而不该只是为了引起别人的关注。"

（五）子曰："夷狄之有君，不如诸夏之亡也。"

辜译

孔子说："北方和东方的异教游牧民族，尚且尊重他们首领的权威，可是现在在中国，不再有人尊重当权者了。"

辜解

孟子曰："春秋无义战。"中国历史上的春秋时期正如现在的欧洲，是一个混乱而又经常发生战争的时期。当时中国封建统治的体系已完全崩溃，从而产生了带有新思想的新的社会秩序，即民主的社会秩序。不幸的是，人们并没有理解这种关于在良好基础之上建立此种新式社会的思想。随着对严格的封建习惯的依附和敬畏，即对王权统治敬畏的结束，封建主义基本的和必要的国际基础，即对当权者的敬畏业已烟消云散。所以生活在那个时代的孔子说："夷狄之有君，不如诸夏之亡也。"

（六）季氏旅于泰山，子谓冉有曰："女弗能救与？"对曰："不能。"子曰："呜呼！曾谓泰山不如林放乎？"

辜译

季孙氏将要去泰山上祭天（这是一种帝王特权），孔子听到后对为该贵族工作的学生冉有说："难道你不能劝阻他去祭天么？""不能。"冉有回答，"我阻止不了。""啊，那么，"孔子回答，"说什么也没用了。你是不是认为泰山之神还不如林放懂礼？不然怎么会接受这不合规矩的祭祀呢？"

（七）子曰："君子无所争，必也射乎！揖让而升，下而饮，其争也君子。"

辜译

孔子说："君子一般不会与人相争。就算有所争，那也该是在射箭场上。但即使是射箭比赛,获胜者也会先礼貌地鞠躬,然后才登台领奖;而失败者会走下台来饮下苦酒。就是说即使是在这种竞争中,他也会表现出绅士风度。"

辜解

某天,我被一位西方友人邀请至其家中赴宴,在座的中国人只有我一个,所以各位西方朋友都让我坐首座。宴会间谈到中西方的礼教问题,主人问我说:"孔子的教化有何好处?请您谈一谈。"我回答说:"刚才诸君退让,都不肯坐首座,这就是孔子的教化。如果今天施行的是竞争的教化方式,以优胜劣败为主,那么势必要大家决个胜负以后,才能动筷子,如此恐怕今天的聚会大家都吃不到饭了啊!"满座皆大笑。《易传》曰:"道也者,不可须臾离也。"孔子六经所谓的道,是君子之道。世界上必然先有君子之道,然后人们才知道礼让,否则人们互不相让的话,那么即使是吃饭的时候,也会发生官司;喝酒的地方,也会刀剑相向。我所谓的有没有道义,关乎人类之存亡,就是这个意思。

(八)子夏问曰:"'巧笑倩兮,美目盼兮,素以为绚兮。'何谓也?"子曰:"绘事后素。"曰:"礼后乎?"子曰:"起予者,商也,始可与言诗已矣。"

辜译

孔子的学生子夏问孔子下面这首诗是什么意思：她娇艳的笑容令人目眩，她迷人的双眸顾盼生辉；她如此美妙动人，就像是洁白的布上画着美丽的花纹。（即《诗经》中的"巧笑倩兮，美目盼兮，素以为绚兮"。）

"在绘画中，"孔子回答，"原本的素白背景是最重要的，和它相比，修饰和色彩都是次要的。"

"那么艺术（《论语》中原指礼）本身呢？"子夏问，"也是相对次要的问题吗？"

"子夏，"孔子回答，"你启发了我。现在我可以和你谈论诗了。"

（九）子曰："夏礼吾能言之，杞不足征也；殷礼吾能言之，宋不足征也。文献不足故也。足，则吾能征之矣。"

辜译

孔子对一位学生说："我可以告诉你夏朝（相当于西方的古希腊文明）的艺术（《论语》中原指礼）和文明状况，但现在的杞国（夏朝的后代国，相当于当代希腊）却不能为我说的话提供充分的证明。我可以告诉你殷朝（相当于古罗马文明）的艺术和文明状况，但现在的宋国（殷朝的后代国，相当于当代意大利）却不能为我说的话提供充分的证明。这是因为现存的典籍和贤者都不够的缘故，否则我就能引来向你证明我所说的了。"

（十）子曰："禘自既灌而往者，吾不欲观之矣。"

辜译

孔子说："在举行盛大的国家祭祀典礼中（这是古代中国最隆重的祭拜礼仪，只有天子才能举行），在祭酒泼洒在地上后，我就会在这个时候离开，不想再看下去。"

（十一）或问禘之说。子曰："不知也。知其说者之于天下也，其如示诸斯乎！"指其掌。

辜译

有人向孔子请教关于盛大祭祀的理论。

"我不知道。"孔子回答，"知道的人对于治理天下，应该会像把东西摆在这里一样容易吧！"一边说一边指着自己的手掌。

（十二）祭如在，祭神如神在。子曰："吾不与祭，如不祭。"

辜译

孔子祭拜死者的时候，便好像死者真的就在身前。而在祭拜神灵的时候，则好像神灵真的存在。

孔子曾说："每回我祭拜的时候，如果不能使自己沉入其中，就会觉得跟没有祭拜一样。"

（十三）王孙贾问曰："与其媚于奥，宁媚于灶。何谓也？"子曰："不然。获罪于天，无所祷也。"

辜译

某个国家的官员王孙贾问孔子："俗话说：'宁拜灶神，不拜门神。'这是什么意思？"

"不是这样的，"孔子回答，"如果一个人冒犯了上天，那么他在哪里祈祷都没用。"

辜解

除了理雅各博士以及其他一两个学者的工作之外，欧洲人获知中国文学主要是通过小说的翻译，而且那些小说都不是最好的，只是一些符合他们阶层的最通俗的读物。威妥玛爵士责备中国文学"智力贫乏"，正是指的这一类垃圾小说。但是限于语言，研习汉语的西方人很难读懂中国真正的儒学经典。而这些儒学经典中所包含的"令人尊敬的教义"，一定不是他所评论的那样"功利和世俗"。正如孔子在回答一位大夫的话时说："获罪于天，无所祷也。"孟子也说："生，我所欲也；义，我所欲也。二者不可得兼，舍生而取义者也。"

（十四）子曰："周监于二代，郁郁乎文哉！吾从周。"

辜译

孔子说："现在周朝的文明是建立在前两个朝代文明的基础上的，所有的艺术都那么辉煌灿烂！我更喜欢现在周朝的文明。"

（十五）子入太庙，每事问。或曰："孰谓鄹人之子知礼乎？入太庙，每事问。"子闻之，曰："是礼也。"

辜译

当孔子参加祭祀活动的时候，每一个阶段他都要问该做什么。

有人马上议论道:"谁说这个从鄹地来的平民(孔子的父亲梁纥)之子知晓正确的礼法?"

孔子听到这种评论后说:"这正是正确的礼法。"

(十六)子曰:"射不主皮,为力不同科,古之道也。"

辜译

孔子说:"比箭时射穿箭靶不应该计分,因为参赛者比的不仅仅是力气的大小。这是古代就流传下来的规则。"

(十七)子贡欲去告朔之饩羊。子曰:"赐也!尔爱其羊,我爱其礼。"

辜译

孔子的学生子贡想在每月初一的告朔仪式上把祭祀用的活羊去掉不用。"赐啊,"孔子对他说,"你想省去的只是那只羊,而我爱惜的却是那种礼。"

（十八）子曰："事君尽礼，人以为谄也。"

辜译

孔子说："如今人们把一切按照礼仪侍奉君主的事情，都看作是谄媚之事了。"

（十九）定公问："君使臣，臣事君，如之何？"孔子对曰："君使臣以礼，臣事君以忠。"

辜译

孔子祖国的在位君主鲁定公问孔子："君主该如何对待臣下，臣下该如何对待君主？"

孔子回答："假如君主按照礼的要求对待臣下，臣下也会以忠诚对待君主。"

（二十）子曰："《关雎》，乐而不淫，哀而不伤。"

辜译

孔子说："《诗经》第一首诗歌表达了爱的情感。这首诗热烈而不淫乱，忧愁而不哀伤。"

辜解

我相信,《诗经》第一篇《关雎》是世界上最古老的爱情歌曲,两年前我曾在《北京每日新闻》上翻译过,那首诗这样描写理想的中国女性:"关关雎鸠,在河之洲;窈窕淑女,君子好逑。"意思是:鸟儿在天空相互召唤,它们徘徊在河对岸的小岛上。温婉可亲的少女啊,正配做君子的新娘!

"窈窕"的含义与"悠闲"相似,"窈"的字面意义是隐退的、温顺的、腼腆的,而"窕"则是有吸引力的、和悦可亲的。"淑女"是指纯洁、贞洁的女子。这样,你就能从这首最古老的诗歌中看到中国女性典范的三个基础品质:喜欢悠闲;腼腆或 pudeur(羞怯、知耻),由 debonair(和悦可亲)表达的无以言说的优雅和魅力;最后是纯洁或贞洁。简而言之,典型的中国女人是贞洁的,是腼腆的,也是有吸引力且和悦可亲的。

(二十一)哀公问社于宰我,宰我对曰:"夏后氏以松,殷人以柏,周人以栗,曰:'使民战栗。'"子闻之,曰:"成事不说,遂事不谏,既往不咎。"

辜译

鲁国君主鲁哀公问孔子的学生宰我说:"祭祀土地神的神主应

该用什么树木？"宰我回答："夏朝选用松树，殷朝选用柏树，现在周朝选用栗树，意思是要让老百姓战战栗栗。"

后来，孔子听到了宰我说的话，责备宰我说："评价已经做过的事情是没有用的，已经发生的事情也是不能改变的，责备已经过去的事情也是没有用的。"

（二十二）子曰："管仲之器小哉！"或曰："管仲俭乎？"曰："管氏有三归，官事不摄，焉得俭？""然则管仲知礼乎？"曰："邦君树塞门，管氏亦树塞门；邦君为两君之好，有反坫，管氏亦有反坫。管氏而知礼，孰不知礼？"

辜译

孔子谈到一位著名的政治家（相当于那个时代的俾斯麦）时说："管仲（姬姓，管氏，名夷吾，字仲。春秋时齐国人。齐桓公的宰相，辅助齐桓公成为诸侯霸主）绝对不是一位伟大的思想家！"

有人疑惑道："但不是说他的生活很简朴吗？"

孔子回答："他有辉煌的府库，其中有大量来自于百姓的市租，而且家中的每项事务都有专人负责，这怎么能说生活简朴呢？"

"但是，"询问者辩论道："他应该仍不失为一个恪守正确礼数的人吧？"

"我不这样看，"孔子回答，"国君在宫殿大门外建造照壁，管仲也在他的家门外建造照壁；两位国君见面时，各自有专用的饮食器具，而管仲也有自己专用的饮食器具。如果你说管仲算得上是恪守礼数的人，那还有谁不算呢？"

辜解

我的同乡李惟仁，曾诋毁曾国藩说："曾国藩和管仲一样，得到君王赏识以后，就非常专权，实行国家政令如烈火一般，像他们这样虽然功劳很大，但也是卑劣之人。"我认为曾国藩的功劳和气节都是不可轻易否定的，但其学术和对天下大事的谋划，确实有不满人意之处。《文正公日记》中他自己也说："古人有得名望如予者，未有如予之陋也。"有人问，曾国藩的陋处在哪里呢？我回答说："看一看南京制台的衙门，其规模之笨拙，工艺之粗糙，大而无当，便能知道曾国藩的鄙陋之处。"

（二十三）子语鲁大师乐，曰："乐其可知也。始作，翕如也；从之，纯如也，皦如也，绎如也，以成。"

辜译

孔子对鲁国的大乐师说："我认为我了解一个完整的乐队应该用什么方式演奏一首乐曲。开始演奏的时候，声音渐高而华美，音调热烈；继续下去，每一个音符本身的韵律便明显地跳动出来，悠扬悦耳，连续不断，就这样一直到演奏完毕。"

（二十四）仪封人请见，曰："君子之至于斯也，吾未尝不得见也。"从者见之。出曰："二三子何患于丧乎？天下之无道也久矣，天将以夫子为木铎。"

辜译

孔子周游列国经过一个叫"仪"的关卡，该关卡的长官请求见孔子，说："每当君子路过这里，我总是很期待能见到他。"孔子的学生于是引他去见了孔子。

当这位长官拜见完毕出来时，他对孔子的学生们说："你们几位为何要为没有官职而发愁呢？天下已经很长时间没有秩序和公正，现在上天派你们的老师来警醒世人了。"

（二十五）子谓《韶》："尽美矣，又尽善也。"谓《武》："尽美矣，未尽善也。"

辜译

孔子谈到一首著名的乐曲《韶》（当时所知的中国最古老的音乐）

时说:"这首乐曲的韵律节奏极其优美,而且还显得庄严肃穆。"而谈到另一首稍近一些的乐曲时却说:"这首乐曲的韵律节奏虽然极其优美,但是不够庄严肃穆。"

(二十六)子曰:"居上不宽,为礼不敬,临丧不哀,吾何以观之哉?"

辜译

孔子说:"拥有权势的人不宽宏大量,行礼时不严肃认真,参加丧礼时不悲哀,这种情况我怎么看得下去呢?"

里仁第四

（一）子曰："里仁为美。择不处仁，焉得知？"

辜译

孔子说："乡邻之间的仁德，能让生活变得美好。选择住处时，如果不选择具有仁德的地方，这样的人就不是聪明人。"

（二）子曰："不仁者不可以久处约，不可以长处乐。仁者安仁，知者利仁。"

辜译

孔子说："没有仁德的人不能持久地处于困顿中，也不能持久地处于安乐中。有仁德的人安于仁，聪明人利用仁。"

辜解

　　满洲贵族的长处,在于他们所具有的英雄气概或曰高贵品德;以儒生为代表的中产阶级的长处,在于他们的智识;而民众阶层的长处,则在于他们的勤劳,或者说是辛勤工作的能力。孔子曾说:"力行近乎仁。"努力工作就会具有"仁"的特质。马修·阿诺德先生称这种生生不息、勤劳不辍的精神为"希伯来精神",也就是中国民众或劳工阶级的勤劳力量。中华文明源远流长,靠的正是这种力量,所以历来为中华自强而奋斗的人们被誉为"仁人志士",以孔子的标准来说,他们都是有奉献精神和高尚道德的人。

(三)子曰:"唯仁者能好人,能恶人。"

辜译

　　孔子说:"只有拥有仁德的人,才懂得如何爱人和恨人。"

(四)子曰:"苟志于仁矣,无恶也。"

辜译

　　孔子说:"如果你坚持提高自己的道德修养,就能远离邪恶。"

（五）子曰："富与贵，是人之所欲也，不以其道得之，不处也；贫与贱，是人之所恶也，不以其道得之，不去也。君子去仁，恶乎成名？君子无终食之间违仁，造次必于是，颠沛必于是。"

辜译

孔子说："富裕和荣耀是每个人都盼望的，但如果为得到它而放弃自己的原则，那我宁愿不要它；贫穷和卑微是每个人都厌恶的，但是如果为了摆脱它而违背自己的原则，我宁愿不摆脱。一个人如果失去了高尚的品德，就不配称为君子。君子在生活中时时刻刻不会忽视道德的规范，即便是异常忙碌或遇到艰难险阻时，也总会坚守高尚的品德。"

（六）子曰："我未见好仁者，恶不仁者。好仁者，无以尚之；恶不仁者，其为仁矣，不使不仁者加乎其身。有能一日用其力于仁矣乎？我未见力不足者。盖有之矣，我未之见也。"

辜译

孔子说："现在我还没有发现真正热爱仁德或者真正憎恶不道德的人。热爱仁德的人，会把高尚的品德看得高于一切；而真正憎恶不道德的人,在日常生活中不会允许任何不道德的事情影响他,那他就会成为一个品德高尚的人。无论如何,如果有人真的想让自己过一天品德高尚的生活,我相信他会发现自己有足够的力量这么做。但至少我现在还没听说有这样的事情发生。"

(七)子曰:"人之过也,各于其党。观过,斯知仁矣。"

辜译

孔子说:"人们的错误都是由他们各自的性格决定的,通过观察一个人所犯的错误,就可以判断出他是怎样的人。"

(八)子曰:"朝闻道,夕死可矣。"

辜译

孔子说:"如果我在早晨学到了知识,那么即便在当晚死去,也没有什么遗憾了。"

(九)子曰:"士志于道,而耻恶衣恶食者,未足与议也。"

辜译

孔子说:"如果一个人立志于苦学,但是又以吃不饱穿不暖为耻,同这种人交谈毫无意义。"

(十)子曰:"君子之于天下也,无适也,无莫也,义之与比。"

辜译

孔子说:"君子在对社会做出评判时,没有任何的倾向或者偏见,只是站在自己觉得正确的一边。"

(十一)子曰:"君子怀德,小人怀土;君子怀刑,小人怀惠。"

辜译

孔子说:"君子看重的是人的道德价值观,小人看重的只是人的社会地位和利益得失。君子关注法度,而小人渴求利益。"

辜解

拙著《总督衙门论文集》是一个中国人为中国的社会秩序和历

史文明所做的辩护，里面主要收录的是我在义和团运动爆发后至庚子议和前后公开发表的一些英文文章。因当时我在湖广总督张之洞幕府当幕僚，故名其曰《总督衙门论文集》。

我本希望匿名发表这些文章，但考虑到这些文章中最重要的篇章创作的特殊背景及其性质，不得不署上真名。而且，我公开自己的身份还有其他原因：正如英国人总是对勋爵之位心存敬慕一样，在华的外国人也会仰慕他们所在地方的总督。孔子说："君子怀德，小人怀土。"因此，当人们知道这些作品并非一个总督所写，而是出自一个总督的幕僚之手时，这些作品就可能会因此而失去吸引"怀土"诸君的魅力。

（十二）子曰："放于利而行，多怨。"

辜译

孔子说："如果你总是只考虑个人得失，那么肯定会招来很多敌人。"

（十三）子曰："能以礼让为国乎，何有？不能以礼让为国，如礼何？"

辜译

孔子说:"如果统治者能用发自内心的优雅举止和谦恭品德来统治国家,那么管理国家事务也就不存在困难了。但如果统治者缺乏优雅的举止和谦恭的品德,仅仅依靠繁杂的礼节和规矩来统治人民,这又有什么用呢?"

(十四)子曰:"不患无位,患所以立;不患莫己知,求为可知也。"

辜译

孔子说:"不要总是考虑做官的问题,应当考虑如何才能胜任自己的工作。不要总是去想自己的才能不被人所知,而是要通过努力工作来赢得好的声誉。"

(十五)子曰:"参乎,吾道一以贯之。"曾子曰:"唯。"子出,门人问曰:"何谓也?"曾子曰:"夫子之道,忠恕而已矣。"

辜译

孔子对学生曾参说:"有一条原则始终贯穿于我的生活和教学

生涯。"曾参回答："是的。"过了一会儿，孔子离开了，其他学生询问曾参："刚才老师和你说的话是什么意思？"曾参回答："贯穿于老师整个生活和教学生涯的原则，如果用两个词来概括就是：认真，宽容。"

（十六）子曰："君子喻于义，小人喻于利。"

辜译

孔子说："君子看待问题时注重正确的方面，而小人只会注重对自己有利的方面。"

阿查立爵士是这么翻译这句话的：

The gentleman regards what is right, the cad regards what will pay.（即绅士看重的是什么是正确的，而流氓考虑的是能得到多少。）

辜解

孔子说："君子喻于义，小人喻于利。"我以为，以小人之道谋划国家事务，国家即使能够强大，也不会持久；以君子之道治国，国家纵然弱小，也不会亡国。我国现在必须先考虑清楚，自己是想做君子之国，还是想做小人之国？若真想做君子之国，就只能勤修内政,留意人才,录用才俊之士,清除各项弊端,使一切政策符合民心,朝廷内外每个人都知道仁义礼让,而且重视道德;对于外交,要始终秉持正义,而不要有任何偏袒。做到了这些,就能以忠信为后盾,以礼义为利器,国家就能巩固,再也没有比这更好的办法了。如果不能专心于此,而是只顾贪图蝇头小利,那么小人的谗言和卑鄙奸诈之阴谋就会随之而来,要想在战后还能掌控国家政权,实在是不可能,而且离亡国也不远了!

(十七)子曰:"见贤思齐焉,见不贤而内自省也。"

辜译

孔子说:"当我们遇到值得学习的人,就应该思考如何向他们看齐。当我们遇到不如自己的人,就应该反省,并找出我们身上是否有和他们相同的缺点。"

(十八)子曰:"事父母几谏,见志不从,又敬不违,劳而不怨。"

辜译

孔子说:"子女在侍奉父母时,就算他们有不对的地方,也不应该责备父母,而应该婉转劝止。即便自己的心意父母不愿听从,也要尊重父母,不能对他们的要求置之不理。无论父母给子女带来什么样的忧愁,子女也应该永不抱怨。"

(十九)子曰:"父母在,不远游,游必有方。"

辜译

孔子说:"如果父母在世,子女不应当远离家乡;如果要去远方,也应该告诉父母要去什么地方。"

(二十)子曰:"三年无改于父之道,可谓孝矣。"

辜译

孔子说:"父亲去世三年后,儿子依然不改变父亲在世时的处事原则,且将之贯彻一生,这样的儿子可以称为孝子。"

(二十一)子曰:"父母之年,不可不知也。一则以喜,一则以惧。"

辜译

孔子说:"父母的年龄子女不能不时时牢记在心,一方面是为了感恩,一方面是为父母年老而有所恐惧。"

(二十二)子曰:"古者言之不出,耻躬之不逮也。"

辜译

孔子说:"古代的人之所以保持沉默,是因为他们害怕说到却做不到。"

(二十三)子曰:"以约失之者鲜矣。"

辜译

孔子说:"没有欲望的人很少犯错误。"
或许这样翻译更好:He who confines his sphereseldom goes wrong.(能够控制自己欲望的人,一般来说很少犯错误。)

（二十四）子曰："君子欲讷于言而敏于行。"

辜译

孔子说："君子应当说话谨慎，而行动敏捷。"

（二十五）子曰："德不孤，必有邻。"

辜译

孔子说："有道德的人是不会孤立的，一定会有志同道合的人与他为伴。"

（二十六）子游曰："事君数，斯辱矣；朋友数，斯疏矣。"

辜译

孔子的学生子游说："对待君主时如果总是不停地指出国君的错误，必定会招致羞辱；而如果以同样的方式对待朋友，朋友也必定会疏远你。"

公冶长第五

（一）子谓公冶长："可妻也。虽在缧绁之中，非其罪也。"以其子妻之。

子谓南容："邦有道，不废；邦无道，免于刑戮。"以其兄之子妻之。

辜译

孔子评价他的学生公冶长时说："可以把女儿嫁给这样的男人，没错，他曾经进过监狱，但这并不是他的过错。"于是，孔子把自己的女儿嫁给了他。

孔子又评价另一位学生南容说："当国家政治运行有序、社会公正的时候，他的才能不会被忽视。而当国家政治秩序混乱、社会不公的时候,他也会免遭迫害。"于是,孔子把自己的侄女嫁给了他。

(二)子谓子贱:"君子哉若人!鲁无君子者,斯焉取斯?"

辜译

孔子评价另一位学生宓子贱说:"他真是个君子啊!倘若鲁国没有君子,那他又是从哪里学到美德的呢?"

(三)子贡问曰:"赐也何如?"子曰:"女,器也。"曰:"何器也?"曰:"瑚琏也。"

辜译

孔子的学生子贡听到上述评论后问孔子:"老师,您怎么评价我呢?""你呀,"孔子说,"就好比一件艺术品。""是什么艺术品?"子贡问。"一件镶满珠宝的雍容华贵的艺术品。"孔子回答。

(四)或曰:"雍也,仁而不佞。"子曰:"焉用佞?御人以口给,屡憎于人。不知其仁,焉用佞?"

辜译

有人评论孔子的学生冉雍说："他是个道德高尚的人，但却不够有口才与敏思。"

当孔子听到这样的评价时，说道："敏思和口才有什么用呢？如果一个人总是随时想和别人唇枪舌剑，往往只能到处树敌。我不知道他是不是一个道德高尚的人，但我也没有发现敏思与口才有什么好处。"

（五）子使漆雕开仕。对曰："吾斯之未能信。"子说。

辜译

有一次，孔子想让他的学生漆雕开去做官。漆雕开回答："不行，我对做官还没有信心。"孔子听了很欢喜。

（六）子曰："道不行，乘桴浮于海，从我者，其由与！"子路闻之喜。子曰："由也，好勇过我，无所取材。"

辜译

有一次，孔子说："眼下政局混乱，我主张的公平正义也行不通。我想乘一艘小船漂洋过海，去别的国家寻找秩序和公平。如果我要带一个人去，我会选择仲由。"于是伸手指向仲由。听到孔子的话，仲由非常兴奋，说愿意一同前往。

"我的朋友，"孔子随后对他说，"你的确比我更勇敢，但是你勇猛有余，判断不足，这就不大好了。"

（七）孟武伯问："子路仁乎？"子曰："不知也。"又问。子曰："由也，千乘之国，可使治其赋也，不知其仁也。""求也何如？"子曰："求也，千室之邑，百乘之家，可使为之宰也，不知其仁也。""赤也何如？"子曰："赤也，束带立于朝，可使与宾客言也，不知其仁也。"

辜译

鲁国贵族孟武伯问孔子，他的学生仲由是不是一个道德高尚的人。"我不好说，"孔子回答。但对方一再追问，孔子说："在一个千乘大国，他可以受命管理军政。至于他是不是一个道德高尚的人，我并不晓得。"

然后，孟武伯针对孔子的另一个学生冉有提出了同样的问题。孔子回答说："他可以作为行政长官，主管大城镇或小诸侯国的事务。至于他是不是一个道德高尚的人，我并不好说。"孟武伯继续针对另一位学生公西赤提出了同样的问题。孔子回答："在正式的宫廷宴会上，他可以负责接待外宾。至于他是不是一个道德高尚的人，我也说不清。"

(八)子谓子贡曰:"女与回也孰愈?"对曰:"赐也何敢望回?回也闻一以知十,赐也闻一以知二。"子曰:"弗如也。吾与女弗如也。"

辜译

孔子曾问他的学生子贡:"你和颜回相比,谁更有才华?"子贡回答:"我怎么敢和他相比较呢?他学了一样东西,立刻能将它应用到各个方面;而我学了一样东西后,只能顺着它的含义,将它应用在一两个方面。"

(九)宰予昼寝,子曰:"朽木不可雕也,粪土之墙不可圬也,于予与何诛!"子曰:"始吾于人也,听其言而信其行;今吾于人也,听其言而观其行。于予与改是。"

辜译

孔子的学生宰予在白天的最好时间睡大觉,孔子评价这件事说:"腐烂的木头无法雕刻,垃圾建造的墙壁粉刷不得。对于宰予,指责他又有什么用呢?"

孔子接着说:"以前,当我想要评判一个人的时候,听他一席话,便会在某种程度上相信他今后能做什么。但是现在,当我想要评判一个人的时候,我会在听了他的话后,考察他今后到底做了些什么。或许,正是宰予改变了我评判人的方式。"

(十)子曰:"吾未见刚者。"或对曰:"申枨。"子曰:"枨也欲,焉得刚?"

辜译

有一次孔子说:"我到目前为止还没有见过性格坚强的人。"有人回答:"申枨就是坚强的人。"孔子回答:"不,他这个人欲望太强烈,怎么能算性格坚强的人呢?"

(十一)子贡曰:"我不欲人之加诸我也,吾亦欲无加诸人。"子曰:"赐也,非尔所及也。"

辜译

孔子的学生子贡对孔子说:"我不愿意别人强加在我身上的事情,我也不愿意将它强加在别人身上。"孔子回答:"赐啊,你还没有达到那样的境界。"

（十二）子贡曰："夫子之文章，可得而闻也；夫子之言性与天道，不可得而闻也。"

辜译

孔子的学生子贡说："我们经常听老师谈论艺术和文学，但从来没听他谈论过人性或天道。"

（十三）子路有闻，未之能行，惟恐有闻。

辜译

孔子的学生仲由在学到知识却无法付诸实践时，会害怕学习新的知识。

（十四）子贡问曰："孔文子何以谓之文也？"子曰："敏而好学，不耻下问，是以谓之文也。"

辜译

孔子的学生子贡问孔子关于当时一位知名人物孔文子的事："为

什么他去世后，人们给他加上'文'这样的谥号呢？"

孔子回答："他是一个非常勤奋的人，并且懂得如何培养自己的文化修养；他会向比他懂的少的人请教，而且不感到羞耻。所以在他去世以后，人们给他加上了'文'的谥号。"

（十五）子谓子产："有君子之道四焉：其行己也恭，其事上也敬，其养民也惠，其使民也义。"

辜译

孔子评论一位著名的政治家子产时说："他在四个方面表现出他是一个品德高尚且智慧超群的人：他做事时热情诚挚；对待君上时庄重严肃；教化子民时慷慨大方；同百姓交往时公平公正。"

辜解

如果中国在关键的历史时期，能够坚守正义与公理，表明自己是一个置友谊、法律和正义高于自己利益之上的、甚至不考虑自己安危的民族，一个重视"君子之道"的民族，那么它就能赢得全世界的敬重并能借此拯救自己，甚至可以拯救世界和目前世界的文明。在我看来，从根本上讲，现在欧洲盛行的可怕战争的最主要的道德原因正在于：欧美各民族的国务活动家和政客们忘记了"君子之道"，他们的行为即是孟子所谓的"先利而后义"，依据孟子的意思："苟为先利而后义",是"不夺而餍"的。

(十六)子曰:"晏平仲善与人交,久而敬之。"

辜译

孔子评价另一位著名政治家晏子时说:"他擅长观察交友之道的真谛,无论和一个人交往多长时间,他都能始终保持长期不变的谨慎尊重。"(这句话常被翻译成:他善于和别人交朋友,相交越久,别人就对他越发恭敬。)

(十七)子曰:"臧文仲居蔡,山节藻棁,何如其知也!"

辜译

孔子评价当时一位性情古怪的人臧文仲时说:"这个人建了一座精雕细琢的祠堂来供奉他养的一只大龟。像这样的人能说他有智慧吗?"

(十八)子张问曰:"令尹子文三仕为令尹,无喜色;三已之,无愠色。旧令尹之政,必以告新令尹。何如?"子曰:"忠矣。"曰:"仁矣乎?"曰:"未知。焉得仁?"

"崔子弑齐君,陈文子有马十乘,弃而违之,至于他邦,则曰:

'犹吾大夫崔子也。'违之。之一邦，则又曰：'犹吾大夫崔子也。'违之，何如？"子曰："清矣。"曰："仁矣乎？"曰："未知。焉得仁？"

辜译

孔子的学生子张请孔子对当时一位公众人物子文发表看法，他说："子文在做官期间，曾三次担任楚国宰相，但是他没有表现出任何高兴的神色。三次被免职后，他也从未表现出任何沮丧的神色。他每一次离职的时候，总会格外谨慎地给接替他职位的人阐释他管辖的政府部门的政策方针。请问，您觉得这个人怎么样？"

孔子回答："他是一个做事尽职尽责的人。"学生问："能称他为仁德的人吗？"孔子回答："这个我无法评判。"

子张继续和孔子谈论另一位公众人物陈文子，说："当齐国大臣崔杼杀死国君齐庄公时，尽管陈文子在国内拥有巨额财产，但是他把所有东西都舍弃了，并离开了这个国家。当来到另一个国家时，他说：'我看这里的人和我们国内的崔氏一样，都是杀父杀兄之人。'所以也立刻离开了那个国家。然后他又从一个国家去到另一个国家，发现情况跟之前一样。您怎么看这个人呢？"

孔子回答："他是一个清白的人。"学生问："那么，能称他为仁德的人吗？"孔子回答："这个我无法评判。"

（十九）季文子三思而后行。子闻之，曰："再，斯可矣。"

辜译

季文子每做一件事之前都要思考再三。孔子听到后说："思考两次就够了。"

（二十）子曰："宁武子，邦有道则知，邦无道则愚。其知可及也，其愚不可及也。"

辜译

孔子评论当时一位公众人物宁武子（姓宁名俞，卫国大夫，"武"是他的谥号）时说："当国家政府秩序井然、司法公正公平的时候，他的所作所为显示出他洞穿一切。但是，当国家政府秩序混乱、司法失去公正公平的时候，他的所作所为就显得愚笨无知。像他那样显得洞穿一切非常容易，但是要模仿他那样显得愚笨无知却没那么容易。"

（二十一）子在陈，曰："归与！归与！吾党之小子狂简，斐然成章，不知所以裁之。"

辜译

孔子周游列国的最后一段日子（在陈国），有人听到他说："我想我该回去了！我真的该回去了！我这些学生全都是志向高远且独立自主的人，而且他们在各领域都很有作为，但是他们还没有形成自己的判断，我也不知该怎样去指导他们。"

（二十二）子曰："伯夷、叔齐不念旧恶，怨是用希。"

辜译

谈到古代两位在生活和品格方面均以纯洁至善而闻名的杰出人士伯夷和叔齐时，孔子说："他们能原谅别人所犯的错误，所以他们很少抱怨社会。"

辜解

如果你问一个称职的基督徒：为什么他信上帝并且遵守道德行

为准则,他会正确告诉你他这么做是因为他爱基督。因此,你看到,对穆罕默德的信仰,对基督的爱,事实上我所说的对宗教的宗师和建立者的无限赞美、爱和狂热的情感,都会被教会用来保持、激励、鼓励人。世界上所有伟大宗教的真正力量,就在于通过它可以让人、人类大众遵守道德行为准则。孟子在谈到中国历史上两个最纯粹最基督式的人物时说:"人们听说了伯夷和叔齐的精神,放荡的恶棍不再自私,懦弱的人有了勇气。"

(二十三)子曰:"孰谓微生高直?或乞醯焉,乞诸其邻而与之。"

辜译

孔子评价当时一个名叫微生高的人说:"谁说他诚实正直呢?当有人求他给一些醋时,他却到邻居家讨了点后当成自己的送给了那个人。"

(二十四)子曰:"巧言、令色、足恭,左丘明耻之,丘亦耻之。匿怨而友其人,左丘明耻之,丘亦耻之。"

辜译

孔子说:"花言巧语,装出好脸色,过分讨好别人,这些都是我的朋友左丘明感到羞耻的事情，我也对这些做法感到羞耻；隐藏对别人的憎恨，却和他交朋友，这也是我的朋友左丘明感到羞耻的，我对此也感到羞耻。"

（二十五）颜渊、季路侍。子曰："盍各言尔志？"子路曰："愿车马、衣轻裘，与朋友共，敝之而无憾。"颜渊曰："愿无伐善，无施劳。"子路曰："愿闻子之志。"子曰："老者安之，朋友信之，少者怀之。"

辜译

有一次，孔子最喜欢的两个学生颜回和仲由侍奉在侧，孔子对他们说："现在你们两个人说一说，你们的毕生志向是什么？"

勇猛的仲由回答："如果我有一些车、马以及富丽奢华的衣裳，我愿意和朋友一起分享，让他们把属于我的东西也看作是属于他们的东西。"

孔子最喜欢的学生颜回回答："我希望能做到不自我吹嘘；不管为别人做过什么事，在评判自己的时候，都能谦虚谨慎。"

"那么，"勇猛的仲由随后对孔子说，"老师，我们也想听听您一生所追求的志向。"

"我的志向，"孔子回答，"就是可以让老人安享晚年；以诚待人，赢得朋友的信任；关怀年轻人。"

（二十六）子曰："已矣乎！吾未见能见其过而内自讼者也。"

辜译

有一次，有人听到孔子说："唉！我至今还没看到有人能够发现自己的缺点便自我责备的。"

（二十七）子曰："十室之邑，必有忠信如丘者焉，不如丘之好学也。"

辜译

孔子曾经说："即使是在非常小的镇上，也肯定会有像我这样尽职尽责、诚实守信的人，只是他们不如我喜欢学问罢了。"

雍也第六

（一）子曰："雍也可使南面。"

仲弓问子桑伯子。子曰："可也，简。"

仲弓曰："居敬而行简，以临其民，不亦可乎？居简而行简，无乃大简乎？"子曰："雍之言然。"

辜译

有一次，孔子称赞他的学生冉雍说："这就是雍啊——可以让他做一个部门或者一个地方的长官。"

又有一次，冉雍问孔子对当代公众人物子桑伯子的看法，孔子回答："他是一个不错的人，很独立。"

"但是，"冉雍回答，"当一个人在自己的私生活中显得很独立时，在社会生活中同他人打交道也可能会不近人情。但是，如果他在私生活中显得很独立，就像他在社会生活中那样，那他是不是太过独立了？""是，"孔子回答，"你说得很对。"

（二）哀公问："弟子孰为好学？"孔子对曰："有颜回者好学，不迁怒，不贰过，不幸短命死矣。今也则亡，未闻好学者也。"

辜译

孔子祖国（鲁国）的国君鲁哀公问孔子："你的学生中，哪个最好学？"孔子回答："有一个叫颜回的，他从不迁怒于别人，也从不犯同样的错误，只是他不幸短命死了。现在没有那样的人了，我没听说谁更好学了。"

（三）子华使于齐，冉子为其母请粟。子曰："与之釜。"请益。曰："与之庾。"冉子与之粟五秉。子曰："赤之适齐也，乘肥马，衣轻裘。吾闻之也：君子周急不济富。"原思为之宰，与之粟九百，辞。子曰："毋，以与尔邻里乡党乎！"

辜译

有一次，孔子的学生公西华奉命出使另一个国家，将母亲留在家里无人照顾。后来，另一位学生冉有请孔子送给她一些粮食。孔子说："就给她这么多吧！"并说出了一定数量。冉有要求再多给点，孔子又多说了一些。最后，冉有送去的粮食比孔子答应的数量要多出许多。

孔子知道此事后，说："公西华出使齐国的时候，驾着骏马拉的漂亮马车，穿着狐裘做的漂亮大衣。我认为，君子会把仁慈之心留给真正需要帮助的人，而不是去帮助小康之家或富人。"

还有一次，孔子的另一位学生原宪在孔子当鲁国司寇时，被孔子任命为家中总管，孔子答应给他九百担谷物作薪水，原宪觉得太多了不肯接受。

"不要推辞，"孔子对他说，"如果这些超过了你自己的需要，就把剩下的那些分给你家乡的亲戚和乡亲吧！"

（四）子谓仲弓，曰："犁牛之子骍且角，虽欲勿用，山川其舍诸？"

辜译

孔子的学生冉雍的父亲是个坏人，孔子评论冉雍时说："有斑点的母牛产下的牛犊，如果给它提供良好的环境，尽管人们在祭祀时可能会犹豫是否该使用这样的牛犊，但对于神灵来说，也是可以接受的。"

（五）子曰："回也，其心三月不违仁，其余则日月至焉而已矣。"

辜译

孔子评论他最喜欢的学生颜回时说："他可以长时间在思想和行动上遵守纯粹的道德规范。而对于其他人来说，最多只能做到几天至一个月。"

（六）季康子问："仲由可使从政也与？"子曰："由也果，于从政乎何有？"曰："赐也可使从政也与？"曰："赐也达，于从政乎何有？"曰："求也可使从政也与？"曰："求也艺，于从政乎何有？"

辜译

季康子问孔子，他的学生、勇猛的仲由能否在政府做官。孔子回答说："这个人做事果断，他在政府中做官有什么困难呢？"

季康子针对另一位学生端木赐也问了相同的问题。孔子回答说："他是个洞察一切的人，他在政府中做官有什么困难呢？"

然后，季康子又针对另一位学生冉有问了同样的问题。孔子回答说："他在很多方面都有所成就，他在政府中做官有什么困难呢？"

（七）季氏使闵子骞为费宰，闵子骞曰："善为我辞焉！如有复我者，则吾必在汶上矣。"

辜译

鲁国的掌权大臣季孙氏任命孔子的学生闵损去一个重要城镇做长官。闵损对信使说："请替我婉言谢绝吧！如果您的主人再来邀请我，那我只能彻底离开这个国家了。"

（八）伯牛有疾，子问之，自牖执其手，曰："亡之，命矣夫，斯人也，而有斯疾也！斯人也，而有斯疾也！"

辜译

有一次，孔子的学生伯牛得了传染病，孔子去看他。孔子没有进屋，在窗外牵着他的手，听他说完临终遗言。然后人们听到孔子说："我们就要失去他了。这是命中注定吧！"他一边反复叹息道："哎，这么好的人竟然死于这种病！哎，这么好的人竟然死于这种病！"

（九）子曰："贤哉回也！一箪食，一瓢饮，在陋巷，人不堪其忧，回也不改其乐。贤哉回也。"

辜译

孔子谈到他最喜欢的学生颜回时说："这个人多么有修养呀！每天只吃一顿饭，喝一次水，住在全城最低矮的茅屋里面——没有人能忍受这样的艰苦，他却依然不改他的快乐。颜回多么有修养啊！"

（十）冉求曰："非不说子之道，力不足也。"子曰："力不足者，中道而废。今女画。"

辜译

有一次，孔子的学生冉有对孔子说："不是我不相信您教的东西，而是我需要花力气将这些知识付诸实践。"

孔子回答："对于那些力量不够只想得到必要能力的人，他们在学习过程中的确会出现力量不够的情况。但是你从一开始就给自己划定了界限。"

（十一）子谓子夏曰："女为君子儒，无为小人儒。"

辜译

孔子对一位学生子夏说："当你想成为一个学识渊博的人时，应当做一个聪明而高尚的人，而不要做一个笨蛋。"

辜解

《论语》中说："女为君子儒，无为小人儒。"我联想到这句话时，正在翻阅翟理士博士所著的《翟山笔记》。同时我又想起另一句话，那是英国驻华领事霍普金斯先生所说的："在中国长期居住的外国人，在谈论起某某汉学家的时候，语气中总带着对傻瓜的嘲讽。"翟理士博士是一名著名的汉学家，如果从其作品的数量上来说，自然已非浪得虚名；但是只计算数量其实没有多大意义，更应该从其作品的深度和质量进行重新评估。

（十二）子游为武城宰。子曰："女得人焉尔乎？"曰："有澹台灭明者，行不由径，非公事，未尝至于偃之室也。"

辜译

有一次，孔子的学生子游被任命为一个重要城镇的长官，孔子问他:"你有没有找到人才做你的助手?""是的,"子游回答,"有一个叫澹台灭明的人,从来不会受个人私利的驱使,除非有紧急公务,否则他绝不会去我家拜访。"

(十三)子曰:"孟之反不伐,奔而殿,将入门,策其马,曰:'非敢后也,马不进也。'"

辜译

孔子评价当时一位勇猛的公众人物孟之反时说:"他从不夸耀自己。有一次,他所在的军队打败仗逃跑时,他走在最后掩护全军。直到接近城门时,他才鞭打战马,最后一个进了城门,然后若无其事地说:'不是我勇敢才殿后的,你们看——是我的马不肯跑呀!'"

(十四)子曰:"不有祝鮀之佞,而有宋朝之美,难乎免于今之世矣。"

辜译

孔子谈到当时两位著名人物祝鮀和宋国公子朝时说:"假如一个人没有祝鮀(如当代的悉尼·斯密斯)般的智慧,也没有公子朝那样的俊美容貌(如当代的切斯特·菲尔德勋爵),那他在当今社会就寸步难行了。"

（十五）子曰："谁能出不由户？何莫由斯道也？"

辜译

孔子说："谁能不经过房门就能从房间出来呢？为什么人们不走我指出来的那条道路呢？"

（十六）子曰："质胜文则野，文胜质则史。文质彬彬，然后君子。"

辜译

孔子说："当一个人的质朴多于文采，就未免粗俗不堪；而当一个人的文采多于朴实，尽管能称得上是一个有文化的人，但又未免显得虚浮。只有自然品质和教育成果很好地结合在一起，才是个真正的君子。"

辜解

与其他汉学家相比，翟理士博士具有独特的优势，即他具有文学天赋,能写出非常流利的英文。但他又缺少哲学洞察力,甚至有时连一些常识也不懂。他可以翻译一些中文,但不能解释和理解中国人的深刻思想。在这方面,翟理士博士与普通中国人没有什么区别。正如孔子所说:"文胜质则史。"

中国文人热衷于读书,他们生活、行走于书的世界之中,与现实的人所生活的世界没有太多联系。对于一个合格的文人来说,著书立说并不带有目的性。而对于真正的学者来说,通过著书立说和文学研究来解释、批评、理解和认识人类生活,才是他们的目的。

(十七)子曰:"人之生也直,罔之生也幸而免。"

辜译

孔子说:"人生来就该是正直的,如果一个人不正直,那么他能生存也就很侥幸了。"

辜解

孔子说:"人之生也直,罔之生者幸而免。"这句话是对现实的最好体现。耶稣会教义对人性的摧残及其必然结果,正如卡莱尔所言:"是广泛的苦难、叛乱和疯狂;是无套裤汉暴动的狂热和复辟暴政的冷酷;它使千百万人沦为禽兽,使各式各样的团体不受约束，轻薄无聊之举得到放纵；这就是不义之君以法律裁决不义的可怕景象！"

（十八）子曰："知之者不如好之者，好之者不如乐之者。"

辜译

孔子说："了解它的人不如喜欢它的人，喜欢它的人又不如以它为乐的人。"这是道德家、哲学家和真正的宗教人士之间的认知差异。

（十九）子曰："中人以上，可以语上也；中人以下，不可以语上也。"

辜译

孔子说："你可以给心智中等水平以上的人讲解深奥的事情，却不可以给心智低于平均水平的人讲这些事情。"

辜解

清代学者张履祥在教育弟子时说："人有傲气就会心浮气躁，

如舜的弟弟象的不仁、唐尧的儿子丹朱的不肖，都是因为傲。人如果不讲忠信，就容易作恶而难以为善。有傲气，就会暴戾凶残；如果心浮，就会行为轻薄，这种人连中等资质的人都比不上。有傲气就不会屈居下位，心浮就不能以理服人，不肯屈居下位就会自以为是。如果别人顺从他，他就会欣喜，一旦违逆他，他就会生气。因此这类人喜欢奸邪小人而讨厌正直忠良。不能以理服人就会没有主见，容易随波逐流，受人影响而走入邪途。这些人的失败是必然的。"

（二十）樊迟问知。子曰："务民之义，敬鬼神而远之，可谓知矣。"问仁。曰："仁者先难而后获，可谓仁矣。"

辜译

孔子的学生樊迟问怎样才算是有智慧。孔子回答："了解一个人生活在人类社会的基本义务，内心敬畏世间的神灵，却不要接近他们，就可以说是有智慧了。"

樊迟又问什么怎样才叫有仁德。孔子回答："一个人想要过道德高尚的生活，首先必须意识到困难，并努力克服这些困难。这就是检验仁德与否的标准。"

（二十一）子曰："知者乐水，仁者乐山；知者动，仁者静；知者乐，仁者寿。"

辜译

孔子说:"聪明的人喜欢水,有仁德的人喜欢山;聪明的人活跃,有仁德的人沉静;聪明的人享受生活,有仁德的人延年益寿。"

(二十二)子曰:"齐一变,至于鲁;鲁一变,至于道。"

辜译

孔子在谈到祖国(鲁国)和邻国齐国的政府状态时说:"如果齐国进行改革,它的政局就会和鲁国的政府一样出色。如果鲁国进行改革,它就会有一个无可挑剔的合于大道的完美政局。"

(二十三)子曰:"觚不觚,觚哉!觚哉!"

辜译

有一次,有人听到孔子大声说:"如果一个酒器不再是酒器的形状,怎么能称为酒器呢?怎么能称为酒器呢?"

（二十四）宰我问曰："仁者，虽告之曰'井有仁焉'，其从之也？"子曰："何为其然也？君子可逝也，不可陷也；可欺也，不可罔也。"

辜译

有一次，孔子的学生宰我对孔子说："一个道德高尚的人，如果有人告诉他说有一个仁德的人掉进井里了，我猜他可能会立刻跳进井里救人吧？"

"他为什么这么做呢？"孔子回答说，"聪明而道德高尚的人听到后可能会立刻赶到现场，但不会一头扎进井里去救人。他可以远离不再回来，却不可以被陷害；他或许会被欺骗，但不可能被愚弄。"

（二十五）子曰："君子博学于文，约之以礼，亦可以弗畔矣夫。"

辜译

孔子说："君子会广泛地学习古代的文化典籍，并用礼来约束自己，这样就不会误入歧途。"

（二十六）子见南子，子路不说。夫子矢之曰："予所否者，天厌之！天厌之！"

辜译

有一次，孔子去见一位因生活毫无节制而声名狼藉的王后。孔子的学生、勇猛的子路得知后非常生气。于是孔子发誓道："如果我去见她有什么邪恶的动机，就让上天抛弃我吧！就让上天永远抛弃我吧！"

（二十七）子曰："中庸之为德也，其至矣乎！民鲜久矣。"

辜译

孔子说："将道德情感的使用保持在中庸状态——这该是完美人生的最佳状态。但是现在很少有人能长期保持这种状态。"

辜解

据很多西方无知之辈断言，中国文化中缺少进步的内容。而我的看法却恰恰相反，即以"中庸"之道为代表的"进步和秩序"，恰好是中国文化的精粹之所在。正如孔子所说："致中和，天地位焉,万物育焉。"在孔子看来,文化的意义不在于如何为人类服务,而在于所有被创造的事物都能获得充分尊重和发展的空间。所以要先确立了社会秩序和道德法则,社会才会进步;而在没有道德秩序的社会里,真正的进步和发展都是不切实际的。

(二十八)子贡曰:"如有博施于民而能济众,何如?可谓仁乎?"子曰:"何事于仁?必也圣乎!尧舜其犹病诸。"

辜译

有一次,孔子的学生子贡对孔子说:"如果一个人为了人民的福祉而做了很多好事,而且这些事情确实能让广大百姓受益匪浅,那么您将如何评价这个人呢?他是不是可以称为仁德的人?"

"哪里仅是仁德呢?"孔子回答,"如果一定要给这个人一个称谓,应当称他为圣人。因为通过你所说的事迹来判断,即便是古代帝王尧和舜也会自愧不如。"

(二十九)子曰:"夫仁者,己欲立而立人,己欲达而达人。能近取譬,可谓仁之方也已。"

辜译

孔子说:"仁是什么呢?一个有仁德的人,在形成自身道德品格的时候，也能同时启发别人；自己事事行得通，且能让别人也事事行得通。还能够将自己放在别人的位置，观察如何看待事情和如何做事，这是培养仁德的一种好方法。"

述而第七

（一）子曰："述而不作，信而好古，窃比于我老彭。"

辜译

孔子说："我传承古老的真理，尽管没有提出什么新理论。我知晓、相信并热衷研究古代的东西。就这一点而言，我敢把自己比作彭老前辈。"

辜解

孔子一生都在努力尝试把社会和文明引入正途，并给其搭建一个坚实的基础，以此防止文明的毁灭。在孔子生命的最后岁月，当他看到自己无法阻止中国文明的毁灭时，他做了什么呢？好像一个看到自己房屋着火、燃烧着要掉在头顶上的建筑师，当他确信已经不可能挽救房屋，他所能做的就是挽救这建筑的图纸和设计，这样以后就有机会重建。于是，当孔子看到中国文明的建筑不可避免地走向毁灭而自己却不能阻止时，他挽救了中国文明的图纸和设计，那就是对后世影响深远的"五经"。

孔子在为中国文明挽救了图纸和设计时，也为中华民族做了伟大的工作。但这并不是孔子为中华民族所做的主要的和最伟大的工作。他所做的最伟大的工作是，通过挽救他们文明的图纸和设计，对文明的设计做了一个新的综合，在这个新的综合里，他给了中国人真正的国家观念——国家的一个真正的、理性的、永恒的、绝对基础。

孔子在《中庸》中说："夫孝者，善继人之志，善述人之事者也。"因此，总体而言，孔子正如他自己所宣称的那样"述而不作"，并没有提出什么新的理论，他宣扬周礼也并不是因为他有什么野心，而是他真的喜爱周礼，渴望将它发扬光大。

（二）子曰："默而识之，学而不厌，诲人不倦，何有于我哉？"

辜译

孔子说："在寂静中思考，把所见所闻记在心里，努力获取知识永不自满，教导别人也不觉得厌烦。对于这些事情，我做到了哪些呢？"

（三）子曰："德之不修，学之不讲，闻义不能徙，不善不能改，是吾忧也。"

辜译

最后，孔子说："忽视信仰和德行的培养，对学习知之甚少，听到正确的事情却不能有所行动，有了坏习惯却不能改正，这些都是让我忧虑的事情。"

（四）子之燕居，申申如也，夭夭如也。

辜译

尽管孔子说过上面那些话，但他在闲暇的时候，总能保持自在安详，温和舒畅。

（五）子曰："甚矣吾衰也！久矣吾不复梦见周公！"

辜译

在孔子晚年，有一次有人听到他说："我的智慧已近枯竭！我现在已经很久没有梦见周公了。"

辜解

在孔子之前，中国出现了一位伟大的政治家——著名的中国法律制定者——周公，他最先确定、整理、制定了君子律法的成文法典，即中国的礼——礼仪、礼节的律法。周公之礼可以看作是前孔子时代中国的宗教，也可以称为中国人的旧约信仰。它第一次给了中国婚姻的圣礼和神圣不可侵犯的约束力，因此直到今天，中国人还把婚姻圣礼称为周公之礼。通过婚姻圣礼制度，前孔子时代或者中国的旧约信仰时代建立了家庭。它保证了所有中国家庭的稳定性和持久性。

而孔子在他教导的国家信仰里给出了一个新约，给出了君子律法一种新的、更广泛的、更有包容力的应用，即制定了新的圣礼。这种新的圣礼，不再称为礼法，他叫它"名分大义"，我则翻译成"荣誉和责任"的重大原则或者荣誉法典。孔子通过制定名分大义或者荣誉法典来替代以前的家庭信仰，给了中国人一种国家信仰。

（六）子曰："志于道，据于德，依于仁，游于艺。"

辜译

孔子对他的学生说："你们的目标应该是探寻智慧（道），同时要根据'德'坚守信仰，过仁德的生活，一边享受各类典雅艺术带来的快乐。"

（七）子曰："自行束脩以上，吾未尝无诲焉。"

辜译

孔子说："在教育学生的过程中，无论贫穷还是富有，我都会同等对待。就算学生只能送极少的拜师礼，我也会像教其他学生一样教他。"

（八）子曰："不愤不启，不悱不发。举一隅不以三隅反，则不复也。"

辜译

然后，孔子继续说："在教学方法上，我通常会在传授学生方法之前，尽可能让学生自己努力探索解决难题的办法；同时在我说出自己的想法前，尽可能让学生自己去探索自己的想法。当我按照某个方向阐述一个题目的含义时，如果发现学生不能举一反三，我就会终止授课。"

（九）子食于有丧者之侧，未尝饱也。子于是日哭，则不歌。

辜译

每次孔子参加葬礼，在死者家里吃饭从来不会多吃。如果在同一天参加了朋友的葬礼，回到家绝不会唱歌。

（十）子谓颜渊曰："用之则行，舍之则藏，惟我与尔有是夫！"子路曰："子行三军，则谁与？"子曰："暴虎冯河，死而无悔者，吾不与也。必也临事而惧，好谋而成者也。"

辜译

有一次，孔子对他最喜欢的学生颜回说："当国家召唤的时候，就行动起来；当未被召唤的时候，能过自己的生活也心满意足，这是只有你和我才能做到的吧。"

另一位学生子路听到后，对孔子说："如果您统帅军队，那么您会和谁一起共事呢？"

孔子回答："赤手空拳和老虎搏斗，不畏死亡去投海，且死了都不后悔的人，这样的人我是不会和他共事的。和我一起共事的人，应该是对所面临的任何困难都一目了然，且经过谨慎思考能顺利完成任务的人。"

（十一）子曰："富而可求也，虽执鞭之士，吾亦为之。如不可求，从吾所好。"

辜译

孔子曾说："如果有合乎道义的致富方法，就算是做一个马夫去养马，我也愿意。但如果不存在合乎道义的致富方法，我宁愿按照自己的意愿持之以恒地做我愿意做的事。"

（十二）子之所慎：齐，战，疾。

辜译

孔子认为，人生中有三件事情需要谨慎对待：信仰、战争和疾病。

（十三）子在齐闻《韶》，三月不知肉味，曰："不图为乐之至于斯也。"

辜译

孔子周游列国到达齐国时，第一次听到有人弹奏古老的乐曲《韶》。于是他专心学习这首乐曲三个月的时间，以至于很长时间吃自己喜欢的美食都觉得没有滋味。后来，有人听到他说："我从没有想过音乐能到达如此美妙的境界。"

（十四）冉有曰："夫子为卫君乎？"子贡曰："诺，吾将问之。"入，曰："伯夷、叔齐何人也？"曰："古之贤人也。"曰："怨乎？"曰："求仁而得仁，又何怨？"出，曰："夫子不为也。"

辜译

孔子的学生冉有跟随孔子周游列国到达卫国时，和另一位学生子贡谈起卫国在位的国君。这位国君的父亲被驱逐出了卫国，所以当他的祖父死后，他继承了王位，然后反对他的父亲回国。冉有说："老师赞成这个在位的国君（即卫君）吗？"子贡回答："我去问问老师。"

子贡就进入孔子的房间，对孔子说："伯夷和叔齐是什么样的人？"孔子回答："他们是古代的圣人。"子贡又问道："那他们对社会是否存在怨恨呢？""没有，"孔子回答，"他们一生所追求的是道德高尚的生活，而他们最终也成功地过上了道德高尚的生活。他们对社会还有什么怨言呢？"子贡随后走出来，对冉有说："老师不会赞成现在的国君。"

（十五）子曰："饭疏食饮水，曲肱而枕之，乐亦在其中矣。不义而富且贵，于我如浮云。"

辜译

孔子说："就算过最贫困的生活，吃粗粮，喝凉水，枕着双臂做枕头，我也能在这样的生活中找到乐趣；而通过做不义之事得到荣华富贵，对于我来说就像浮云一样不真实。"

（十六）子曰："加我数年，五十以学《易》，可以无大过矣。"

辜译

有一次，孔子开始研究《易经》后说："倘若我可以多活几年，活到足够我完成《易经》的研究，那么在我的人生中就不会有大的遗憾了。"

（十七）子所雅言，《诗》、《书》、执礼，皆雅言也。

辜译

孔子最喜欢讨论的题目是：诗歌、历史、礼仪规则及良好的行为习惯。他经常讨论这些题目。

（十八）叶公问孔子于子路，子路不对。子曰："女奚不曰：'其为人也，发愤忘食，乐以忘忧，不知老之将至云尔。'"

辜译

一个小诸侯国的国君叶公问孔子的学生子路对孔子的看法，子路什么也没说。后来孔子听到这件事时，对子路说："你为什么不这么回答他呢：'他这个人为了攻克学习中遇到的难题，常常会忘记吃饭；在享受获得知识带来的喜悦时，会忘记人生的悲痛；他学习全神贯注，以至于忘了衰老将要到来，如此而已！'"

（十九）子曰："我非生而知之者，好古，敏以求之者也。"

辜译

孔子说："我不是一个天生就通晓一切的人，我只是爱好研究古代的东西，并且愿意勤奋地去求得知识。"

辜解

孔子前往周土向老子求教，老子对他说："你所说的那些人，他们虽然已经去世很久，但他们的言论还在流传着。君子一旦遇到合适的机会,就会大显身手;如果没有机会,就隐居潜行。我听说,成功的商人也会隐藏出身,看起来就像普通人一样;君子德行深厚,但是外貌看起来却仿佛很愚蠢。所以要去除你的狂傲自大、多种欲望和过高志向,这些都对你没有好处。我所能告诉你的,只有这些。"虞舜是圣人,但大禹还是告诫他不要像丹朱那样骄傲自满;孔子也是圣人,而老子还是规劝他。所以谁又能说,孔子之所以成为万世敬仰的圣人学者,不是因为老子劝诫的缘故呢?

(二十)子不语怪、力、乱、神。

辜译

孔子不谈怪异、勇力、叛乱和鬼神之事。

(二十一)子曰:"三人行,必有我师焉。择其善者而从之,其不善者而改之。"

辜译

孔子说:"几个人一起走路,其中渴望知识的人总能从其他人身上学到一些东西。他可以选取别人的优点来学习,并避免别人犯过的过错。"

（二十二）子曰："天生德于予，桓魋其如予何？"

辜译

有一次，孔子面临桓魋对自己人身的巨大威胁时说："既然上天赐予我道德和智慧的力量，桓魋又能把我怎么样呢？"

（二十三）子曰："二三子以我为隐乎？吾无隐乎尔。吾无行而不与二三子者，是丘也。"

辜译

但是，又有一次，孔子对他的学生说："各位，你们认为我身上有神秘的才能吗？在你们和其他所有人面前，我从来没有过什么隐瞒。我会将我所做的全部事情都展现在你们面前，这就是我孔丘的为人。"

（二十四）子以四教：文、行、忠、信。

辜译

孔子在其一生的教育生涯中，只教四种东西：历代文艺之事、社会行为准则、正直忠义和诚实守信的品格。

（二十五）子曰："圣人，吾不得而见之矣；得见君子者，斯可矣。"子曰："善人，吾不得而见之矣，得见有恒者，斯可矣。亡而为有，虚而为盈，约而为泰，难乎有恒矣。"

辜译

有一次，孔子谈到当时的百姓和社会状态时说："我不指望能看到圣明而德高望重的人，只要能看到聪明善良的君子，我就非常满意了。我不指望遇到真挚诚恳的善人，只要能遇到谨慎有操守的人，我就非常满意了。但是在一个弄虚作假、本来没有却假装拥有、本来贫穷却假装富有的社会，要想做一个良好品德的人也很难。"

辜解

我很想知道，在那群卑鄙、贪婪的伦敦佬当中，究竟有多少英国人是打着冒牌的"帝国主义"旗帜，抱着"免费捕鱼"的目的而经过敞开的大门，径直走进中国的？当然，原本我并不责怪这些旅居中国的穷困潦倒的"伦敦佬"，只是在偶尔看到这些家伙时觉得很讨厌，但没有想到，他们竟变得越来越恬不知耻，只知道招摇撞骗，或者试图在忠厚老实的中国苦力面前抖威风，并喋喋不休地议

辜鸿铭讲论语

论中国官员们的腐败事件。

孔子说:"善人吾不得见之矣,得见有恒者,斯可也。亡而为有,虚而为盈,约而为泰,难乎有恒矣。"然而,对于英国伦敦佬在中国干的那些"免费捕鱼"的勾当,真正应该负责的乃是那些"乱臣贼子",是他们使大不列颠冒牌"帝国主义"的公职服务体系变得百孔千疮。

(二十六)子钓而不纲,弋不射宿。

辜译

孔子总是用钓竿和鱼钩钓鱼,而从来不用渔网。他外出打猎,箭矢从不射在巢中歇宿的鸟。

(二十七)子曰:"盖有不知而作之者,我无是也。多闻,择其善者而从之,多见而识之,知之次也。"

辜译

有一次,孔子说:"有些人或许会提出他们自己都不甚理解的理论。我从来不做这样的事情。无论读什么、学什么,我总是选择并采纳最优秀的东西;无论看到什么,我总是把看到的记下来,这

— 102 —

是仅次于'生而知之'的智慧。"

（二十八）互乡难与言，童子见，门人惑。子曰："与其进也，不与其退也，唯何甚？人洁己以进，与其洁也，不保其往也。"

辜译

有一个地方，因为当地百姓的品质低劣而闻名。有一次，孔子允许这个地方的一个年轻人去拜见他，他的学生都很惊讶。但是孔子说："为什么要那么苛刻呢？如果有人改正了错误，来找我征求意见，我可以接受他现在的改变，而不必紧抓住他的过去不放。如果我现在看到他确实已经洗心革面，我会感到非常满意。就算不能保证他不会再次误入歧途，又为什么要那么苛刻呢？"

（二十九）子曰："仁远乎哉？我欲仁，斯仁至矣。"

辜译

然后孔子继续说："仁德是件遥不可及或很困难的事情吗？如果有人渴求仁德，那么他的生活就能变得道德高尚。"

（三十）陈司败问："昭公知礼乎？"孔子曰："知礼。"孔子退，揖巫马期而进之，曰："吾闻君子不党，君子亦党乎？君取于吴，为同姓，谓之吴孟子。君而知礼，孰不知礼？"巫马期以告。子曰："丘也幸，苟有过，人必知之。"

辜译

当孔子周游到陈国时，这个国家主管司法的大臣陈司败问孔子，鲁国国君鲁昭公在平常生活中是否懂得礼仪。孔子回答："是的，他懂得礼仪。"

过了一会儿，孔子离开后，陈司败把孔子的学生巫马期叫到跟前，对他说："以前经常有人教导我，使我相信君子在做出判断的时候总是公平公正。但是现在我发现事情并非如此。你们国君从吴国的贵族中迎娶了一位同姓的公主，而且为了掩盖这种有违礼仪的事情，你们国君改了她的姓，以便和他在一起。既然出现了这种事情，如果说你们国君懂得礼仪，那么还会有谁不懂呢？"

随后，巫马期把陈司败的话告诉了孔子，孔子说："我非常高兴，如果我犯了错，人们一定会指出来。"

（三十一）子与人歌而善，必使反之，而后和之。

辜译

当孔子邀请别人一同唱歌时，如果唱得好，孔子会邀请他再唱一遍，然后跟着他一起唱。

（三十二）子曰："文，莫吾犹人也。躬行君子，则吾未之有得。"

辜译

孔子说："在文学和艺术知识方面，我或许和别人差不多。但是在日常个人行为中展现出君子美德，我目前还没有做到。"

（三十三）子曰："若圣与仁，则吾岂敢？抑为之不厌，诲人不倦，则可谓云尔已矣。"公西华曰："正唯弟子不能学也。"

辜译

然后，孔子继续说："至于圣明而德高望重的人，或者一个有仁德的人，我怎么敢说我是呢！我不过是学习工作总不厌倦，教育他人孜孜不倦,就是如此罢了。"

孔子的学生公西华听到后说:"这正是我们这些学生做不到的。"

(三十四)子疾病,子路请祷。子曰:"有诸?"子路对曰:"有之。《诔》曰:'祷尔于上下神祇。'"子曰:"丘之祷久矣。"

辜译

有一次,孔子生病了,子路问是否可以祷告祝他早日康复。"有这种习俗吗?"孔子问。"有,"子路回答,"《诔》文上是这样写的:'求天上地下各路神灵保佑。'"孔子说:"啊,那我早就祈祷过了。"

(三十五)子曰:"奢则不孙,俭则固。与其不孙也,宁固。"

辜译

孔子说:"奢侈会导致逾越礼制,节俭会显得吝啬。但是宁肯吝啬,也不能因为浪费而逾越礼制(犯罪)。"

（三十六）子曰："君子坦荡荡，小人长戚戚。"

辜译

孔子说："君子沉着冷静，幸福快乐；愚人忧愁满怀，烦恼不断。"

（三十七）子温而厉，威而不猛，恭而安。

辜译

孔子外表和蔼可亲且庄严肃穆，令人敬畏而不凶猛严厉，庄严而安详。

西方席勒有意思相近的诗：
Beseligend war ihre Nahe,（美丽的姑娘带着乡间的清纯，）
Uml a lie Hereen wurden weit！（站在她身边就让人感到幸福！）
Doch eine Wurde, eme Hohe（天空万里无云令人心情爽朗，）
Entfemt dieVertraulichkeit.（但她不亢不卑甚至不乏高贵，）
Das Madchen aus dem Fremde！（让人不敢显出丝毫过分亲昵！）

泰伯第八

（一）子曰："泰伯，其可谓至德也已矣。三以天下让，民无得而称焉。"

辜译

孔子谈到周朝的创立者泰伯时说："他是一位伟人，或者说是品德最高尚的人。他三次拒绝当王，尽管不是所有人都知道这件事，但是对他的推崇也无以复加。"

（二）子曰："恭而无礼则劳，慎而无礼则葸，勇而无礼则乱，直而无礼则绞。君子笃于亲，则民兴于仁；故旧不遗，则民不偷。"

辜译

孔子说："端庄却不知礼数就未免劳顿，谨慎却不知礼数就会胆怯，勇敢却不知礼数就会冲动闯祸，正直却不知礼数就会有些尖刻。如果君子能用深厚的感情来对待亲人，民众的道德品质就会提高；君子不摒弃传统道德精神，民众就不会越来越贪婪无情。"

（三）曾子有疾，召门弟子曰："启予足！启予手！《诗》云：'战战兢兢，如临深渊，如履薄冰。'而今而后，吾知免夫，小子！"

辜译

当孔子的学生曾参在病床上临终之时，他把自己的学生召集到身边来，对他们说："掀开我的双脚，露出我的双手。《诗经》里面说：'要小心谨慎啊，就好像站在深渊旁边，就如同踩在薄冰上。'人活着的时候要谨言慎行，爱惜自己的身体。但从此以后，年轻人，我将得到彻底解脱。"

（四）曾子有疾，孟敬子问之。曾子言曰："鸟之将死，其鸣也哀；人之将死，其言也善。君子所贵乎道者三：动容貌，斯远暴慢矣；正颜色，斯近信矣；出辞气，斯远鄙倍矣。笾豆之事，则有司存。"

辜译

曾参在病床上临终之时，贵族孟敬子来看他，曾参对他说："鸟儿快死的时候，它的叫声是悲壮的；人快死的时候，他说的话是真诚善意的。作为君子，待人接物的过程中有三点需要始终牢记：使自己的容貌庄重严肃，以避免粗暴放肆；使自己的脸色一本正经，以显得诚信；说话时要谨慎小心，以避免粗野和错漏。至于祭祀和礼节仪式问题，就由专业人士来负责。"

（五）曾子曰："以能问于不能，以多问于寡；有若无，实若虚；犯而不校。昔者吾友尝从事于斯矣。"

辜译

孔子的学生曾参说："尽管自身天赋很高，却依然向没有天赋的人虚心学习；虽然自己掌握了很多知识，却依然向知识不足的人学习；虽然大脑中全是学问，却依然表现出贫乏空虚；虽然自身知识渊博，却依然表现出只是略懂皮毛；即使被欺侮，也从不计较——我曾有个朋友就是这样度过一生的。"

（六）曾子说："可以托六尺之孤，可以寄百里之命，临大节而不可夺也。君子人与？君子人也。"

辜译

孔子的学生曾参说："可以把年幼的君主和整个国家的政权都

交付给他，这个人真诚可靠，面临生死存亡的紧急关头仍不会背叛身负的重任——这样的人可以称为君子吗？这样的人就是君子啊！"

辜解

从某种意义上来说，刘坤一在中国近代政坛的地位，相当于英国的威灵顿公爵。他跟威灵顿公爵一样，并非学者，甚至不算文人，只是一个军人而已。他缺乏智识修养，甚至还不如李鸿章斯文，但像威灵顿公爵一样，他在与太平军的作战中因功显达。久经沙场的磨炼，使他对人对事富有实际的见识，有成熟的判断力。此外，他还具有强烈的责任感和荣誉感。这一点，也与威灵顿公爵相同。而他与威灵顿公爵的不同之处在于，他是中国的苏格兰高地人——拥有像英国的英格兰高地人那样粗豪、耿直、勤劳、节俭但不吝啬的性格。甚至可以说，刘坤一可以称得上是中国有气节或道德勇气（moral hardiness）的最后一个文人士大夫。

孔子说："刚、毅、木、讷，近仁。"1900年，中国华北地区爆发了义和团运动；而清朝政府在列强攻占大沽口之后，被迫向八国联军宣战。此时刘坤一即致电朝廷，认为把战争的恐怖带给治下的人民是不应该的；但尽管如此，他还是向皇太后和皇帝表示效忠，如果外国列强侵犯他统辖区的任何部分，无论是获胜还是落败，他都将誓死捍卫中华帝国的荣誉和尊严。孔子的学生曾子说："可以托六尺之孤，可以寄百里之命，临大节而不可夺也。君子人与？君子人也。"从这一点看，刘坤一可算得上君子。

（七）曾子曰："士不可以不弘毅，任重而道远。仁以为己任，不亦重乎？死而后已，不亦远乎？"

辜译

孔子的学生曾参说："涵养之士不能没有刚强坚毅的性格。因为他责任重大，路途遥远。他将过上道德高尚的生活视为己任，这难道不是一种重大的责任吗？他需要持之以恒，至死方休，这难道不遥远吗？"

（八）子曰："兴于诗，立于礼，成于乐。"

辜译

孔子说："在教育中，学习诗歌可以使人振奋；学习艺术可以形成判断力；学习音乐可以使美好的性格得以养成。"

华兹华斯也说，诗歌能够让人在成长中增强想象，给大脑充分的理解能力，通过诗歌可以快速知晓事物的范畴及高尚品质。

辜解

孔子说:"兴于诗,立于礼,成于乐。"

中国国家信仰的教会——学校,是通过教学生诗歌来唤醒人的启示或者活的情感,由此让学生遵守道德行为准则的。事实上,所有真正的文学伟人的著作,就像我说过的那样,都具有宗教行为准则中的启示或者活的情感。马修·阿诺德在谈到荷马及其诗歌的高贵品质时说:"荷马诗歌以及少数文学伟人的作品的高贵品质,能够净化蒙昧的人,能够改造他。"事实上,无论什么都是真实的,无论什么都是正直的,无论什么都是纯洁的,无论什么都是可爱的,无论什么都是有好名声的。如果有任何美德、任何赞誉的话——学校都会教人思考这些事情,通过使他们对这些问题的思考,激发学生对美的喜爱(以此来引导善的言行)、对恶的厌恶(使之远离恶的言行),这就是中国教育的最终目的。

(九)子曰:"民可使由之,不可使知之。"

辜译

孔子说:"老百姓,可以使他们按照应当受到教育的方式接受教育,但不必让他们知道这是为什么。"

辜解

中国宋代评论家程颐这样评论道:"孔子说,不是因为他不想让老百姓明白,而是因为不可能让老百姓明白。但是,如果有人认为孔子不想让老百姓明白,那就是说孔子会用耶稣会教义的把戏来统治人民,就像有些近代的统治一样,这种假设是极为荒谬的。"

歌德在晚年认为马丁·路德让欧洲文明出现了倒退,因为他呼吁群众对他们无法正确感受的事情做出判断。现代民主的真实原则,从另一方面说,也包括在孔子的言论中:

大畏民志,即极为惧怕民众的意愿。

(十)子曰:"好勇疾贫,乱也。人而不仁,疾之已甚,乱也。"

辜译

孔子说:"勇敢的人如果恨自己太贫穷,肯定会去犯罪;一个道德不高尚的人,如果积压了太多的怨恨,也肯定是一种祸患。"

(十一)子曰:"如有周公之才之美,使骄且吝,其余不足观也已。"

辜译

孔子说:"就算一个人拥有像周公那样令人羡慕的才能,但是如果他骄傲自大且吝啬小气,那其他方面也就不值得一看了。"

(十二)子曰:"三年学,不至于谷,不易得也。"

辜译

孔子说:"如果有人读书三年却仍不存任何做官的念头,这是很少见的。"

(十三)子曰:"笃信好学,守死善道,危邦不入,乱邦不居。天下有道则见,无道则隐。邦有道,贫且贱焉,耻也;邦无道,富且贵焉,耻也。"

辜译

孔子说:"如果一个人始终坚信我们的道,并努力学习它,誓死捍卫它,且不进入动乱中的政府任职,也不应在政局不稳的国家居住。如果国家司法公正、社会有序,他就出来工作并为人所知;但是如果国家不太平、政局混乱无序,就隐居起来韬光养晦。当自己国家司法公正，社会有序时，他会因为贫困潦倒没有声誉而感到羞耻；但是如果自己的国家司法不公，社会秩序混乱，他也会因为自己富有且受人尊敬而感到羞耻。"

（十四）子曰："不在其位，不谋其政。"

辜译

孔子说："一个人如果不居于国家的政府机构的某个职位，便不要对那个位置上的政务提出建议。"

（十五）子曰："师挚之始，《关雎》之乱，洋洋乎盈耳哉！"

辜译

孔子评价当时一位伟大音乐家师挚的演奏时说："他演奏的《关雎》这篇古老乐章，从开始到结束，旋律优美、铿锵有力、杂而不乱、声势壮阔，美好的音律仿佛盈满了我的耳朵！"

（十六）子曰："狂而不直，侗而不愿，悾悾而不信，吾不知之矣。"

辜译

孔子说:"外表狂妄而不正直,外表无知而不谦虚,外表诚恳而不守信——对这样的人,我真是无话可说。"

(十七)子曰:"学如不及,犹恐失之。"

辜译

孔子说:"做学问就好像在追逐一个尚未达到的目标,即便赶上了也生怕丢掉。"

(十八)子曰:"巍巍乎,舜禹之有天下也而不与焉!"

辜译

孔子说:"远古帝王舜和禹的道德崇高而不可超越,即便贵为帝王拥有四海,也是整日为百姓辛劳,一点不为自己。"

(十九)子曰:"大哉尧之为君也!巍巍乎,惟天为大,惟尧则之。荡荡乎,民无能名焉。巍巍乎,其有成功也,焕乎,其有文章!"

辜译

孔子说:"啊!作为百姓的统帅,帝尧是多么伟大啊!啊,他的品德那么高尚,无人能及,只有他的伟大才可与上天媲美!他的恩惠多么广博,百姓简直不知道如何称赞。他的功绩是如此伟大,他制定的礼仪制度是多么光辉啊!"

(二十)舜有臣五人而天下治。武王曰:"予有乱臣十人。"孔子曰:"才难,不其然乎?唐虞之际,于斯为盛。有妇人焉,九人而已。三分天下有其二,以服事殷。周之德,其可谓至德也已矣。"

辜译

伟大的帝舜有五位贤臣帮他处理国家政事,天下便得以太平。

周武王说:"我有十位了不起的大臣帮我治理国家。"

孔子谈到上述事情时说:"据说古代人才难得,这种说法是很正确的。在帝尧和帝舜统治的唐虞时期,人才最为兴盛。上面周武王提到的十个人,有一个是女子,因此实际上只有九位男子。周当时统治的面积占据帝国的三分之二,却仍然承认殷朝的统治。周朝早期帝王的高尚品德真是完美无缺啊!"

（二十一）子曰："禹，吾无间然矣。菲饮食而致孝乎鬼神，恶衣服而致美乎黻冕，卑宫室而尽力乎沟洫。禹，吾无间然矣。"

辜译

孔子说："我还没有发现帝禹身上有任何道德缺陷。禹的生活和饮食极为简朴，但在祭祀时却倾尽所有祭祀神灵；他平日穿得粗糙且寒酸，但在祭祀的时候却尽量穿着华美；他居住的宫殿低矮且狭小，但为百姓利益着想的公共设施却不惜成本。从以上来看，我找不到帝禹的任何道德缺陷！"

子罕第九

（一）子罕言利，与命与仁。

辜译

孔子在谈话中很少提到利益、宗教和道德。

辜解

我跟随张之洞大人时间最久，但每次和他讨论事情，他总是不能听取我的意见。有一天，我去拜访张之洞的幕僚汪某，他对我说："你说的话都是从是非观念出发的，所以难以打动人。张大人只知道趋利避害，而不知道大是大非，所以如果你想打动他，就必须从利害上分析，才能让他听进去。"后来有人把这话传给了张大人，他大怒,立刻把我叫过去问:"是谁说我只知道利害而不知道是非?如果我只知道趋利避害,试问我今天能开创这么大的事业吗?说我趋利,体现在哪里?我所追求的是公利,而不是一己私利。私利不能追求,但是公利却不能不追求。"我回答说:"孔子很少谈论利害,难道孔子说的只是个人私利吗?"张大人又多方辩难,坚持认为公利不同于私利,而且必须追求公利。最后我说:"《大学》言:'长国家而务财用者,必自小人矣。'但是小人也能够为国家发展、增加财用多做贡献,这不也是公利么?"于是张大人只是请我喝茶而不再言语,我随即就告退出去了。如今听到张之洞大人作古的消息,并得知他囊中萧然没有积蓄,根本没有为子孙后代谋私利,回想起当时我和他争论"公利私利"的问题,不禁为之叹息数日。

(二)达巷党人曰:"大哉孔子!博学而无所成名。"子闻之,谓门弟子曰:"吾何执?执御乎,执射乎?吾执御矣。"

辜译

某地有一个人说:"孔子真是个伟人。他知识渊博,但是他在任何事情上都没有刻意凸显自己,以便为自己博得名声。"

孔子听到这样的评论后,对他的学生说:"我该怎么凸显自己呢?我是该去驾车呢,还是该去射箭?我想我该去射箭。"

（三）子曰："麻冕，礼也；今也纯，俭，吾从众。拜下，礼也；今拜乎上，泰也。虽违众，吾从下。"

辜译

孔子说："戴亚麻布帽子曾被视为符合礼仪的做法，但现在大家通常戴丝绸帽子。丝绸帽子价格低廉，能节省些，所以我赞成大家的做法。（臣下见君上的时候）首先要在堂下进行跪拜，这种做法曾被认为是正确的礼仪，但现在大家习惯到堂上跪拜，这是骄纵的表现。因此我坚持在堂下跪拜。虽然可能会违反大家，但我仍然主张要在堂下进行跪拜。"

（四）子绝四：毋意，毋必，毋固，毋我。

辜译

孔子杜绝自己有四种行为：不凭空揣测，不绝对肯定，不固执己见，不唯我独尊。

（五）子畏于匡，曰："文王既没，文不在兹乎？天之将丧斯文也，后死者不得与于斯文也；天之未丧斯文也，匡人其如予何？"

辜译

有一次,孔子来到匡地,被当地的百姓囚禁,他害怕当地人的暴力会危害他的个人安全,就对周围的人说:"不要害怕,自从文王(周代文明的创建者)死后,周代的礼乐文化不一直都体现在我身上吗?如果上天要毁灭这种文化,就不会给我任何机会来了解这种文明;但是,如果上天不想毁灭这种文化,这里的人又能把我怎么样呢?"

(六)太宰问于子贡曰:"夫子圣者与?何其多能也?"子贡曰:"固天纵之将圣,又多能也。"子闻之,曰:"太宰知我乎?吾少也贱,故多能鄙事。君子多乎哉?不多也。"牢曰:"子云:'吾不试,故艺。'"

辜译

有一个国家的部长问孔子的学生子贡:"你们老师是圣人,对不对?他好像知道很多事情。"子贡回答:"上天对他慷慨大方,使他成为一位圣人,还让他多才多艺。"

后来,孔子听到了这次谈话,说:"这个部长了解我吗?我年轻的时候,出身低微,因此我必须学习各种知识;但这些东西仅仅是日常生活中的平凡琐事。你认为君子需要许多知识来充实自己吗？不，他不需要。"

有一次，孔子的学生子牢也说："我听老师说过：'我不曾被国家重用，因此我有时间去学习许多技艺。'"

（七）子曰："吾有知乎哉？无知也。有鄙夫问于我，空空如也。我叩其两端而竭焉。"

辜译

有一次，孔子对别人说："你以为我有很多知识吗？其实并没有。曾有一个普通人问我对某件事的看法时，我对他所说的问题一无所知。我只是从那个问题的利弊两端去分析，才能得到一些答案，然后尽量告诉他。"

（八）子曰："凤鸟不至，河不出图，吾已矣夫！"

辜译

有一次，有人听到孔子大声说："哎，我真悲哀呀，不管是天上还是地上，我都无法看到现在这种无序的状态什么时候才能结束。我们将要创造出世界的新秩序。"

（九）子见齐衰者、冕衣裳者与瞽者，见之，虽少，必作；过之，必趋。

辜译

当孔子遇到穿丧服的人、身着礼服礼帽的人以及盲人时，就算这些人比他年轻，孔子也会站起来；当从他们面前经过时，他会很礼貌地快步走过。

（十）颜渊喟然叹曰："仰之弥高，钻之弥坚，瞻之在前，忽焉在后。夫子循循然善诱人，博我以文，约我以礼，欲罢不能。即竭吾才，如有所立卓尔。虽欲从之，未由也已。"

辜译

孔子最喜欢的学生颜回曾经感叹孔子的教学方式，他这么说："我越是仰视，就越觉得它深奥莫测。我越是想探索其中的奥秘，越觉得它神秘莫测。当我认为自己掌握了一些，我也只是掌握了其中的一部分。但是老师善于一步一步地引导我，用各种典籍扩展我的思维，又用一定的礼仪来引导并纠正我的行为，因此我不会停止学习。但是当我感到筋疲力尽并自认为已经掌握时，目标却依然矗立在我的前方，显得遥不可及。为了达到目标，我依然会竭尽所能。"

辜解

　　尽管，中国的孔子国家宗教的教堂——学校唤醒和点燃人心中的灵感和生动情感，并不是依靠激发和唤起人们对于孔子的无边崇敬、爱戴、热情的感觉，但是在孔子有生之年，他的学生们的确对他有一种类似于宗教般狂热的崇敬和爱戴；而且在他死后，在所有学习他、理解他的伟大人物心中，也激发了同样的崇敬和爱戴。而这种情感，并没有在普通民众中被激发起来——无论是孔子在世时还是他去世以后。所以与伊斯兰教国家大众爱戴和崇敬穆罕默德、欧洲国家大众爱戴和崇敬耶稣基督不同的是，中国大众并没有狂热崇拜和赞美孔子。从这一点来说，孔子并不是一个真正的宗教创立者。

　　（十一）子疾病，子路使门人为臣。病间，曰："久矣哉，由之行诈也，无臣而为有臣。吾谁欺？欺天乎？且予与其死于臣之手也，无宁死于二三子之手乎？且予纵不得大葬，予死于道路乎？"

辜译

　　有一次，孔子得了重病，他的学生子路来安排后事。子路让孔子的学生们模仿大贵族的家臣成立治丧处。后来，孔子的病好了一些，当他得知子路所做的一切时，说道："我早就注意到子路平时会做一些弄虚作假的事情。我不该有家臣来治丧,却偏要成立什么治丧处;我要家臣做什么呢?难道我要欺骗上天吗?我与其死在治丧的所谓家臣手中,不如死在你们手中,这样不是比死在那些毫无怜悯之心的家臣手中更好吗?此外,即使我不能用诸侯之礼来埋葬,难道我会被丢在路边没人管吗?"

(十二)子贡曰:"有美玉于斯,韫椟而藏诸?求善贾而沽诸?"子曰:"沽之哉,沽之哉!我待贾者也。"

辜译

有一次,孔子的学生子贡问:"这里有一块美丽的宝石,我是把它放在盒子里不管不顾呢,还是找一个识货的商人把它卖掉呢?"孔子回答:"一定要卖掉!一定要卖掉!但如果我是你,我会等遇到识货者再卖掉。"

(十三)子欲居九夷。或曰:"陋,如之何?"子曰:"君子居之,何陋之有?"

辜译

有一次,孔子说他想到东方去和九夷部落一起生活。有人对他说:"你去那里,会觉得简陋闭塞的。"

孔子回答:"有君子在那里居住,就不会感到闭塞不开化了。"

(十四)子曰:"吾自卫反鲁,然后乐正,《雅》《颂》各得其所。"

辜译

孔子说:"当我周游列国结束,最后重返自己的祖国时,我完成了国乐的改编,使《风》《雅》《颂》里面的歌曲和诗篇,每一篇都得到最适当的安置。"

(十五)子曰:"出则事公卿,入则事父兄,丧事不敢不勉,不为酒困,何有于我哉?"

辜译

孔子说:"侍奉国君公卿的时候尽职尽责;在家庭生活中照顾家人一丝不苟;在治丧等事务上不遗余力,唯恐有所疏漏;喝酒时能够禁得住诱惑而不过量。对于这些事情,我能说自己做到了哪些呢?"

（十六）子在川上曰："逝者如斯夫，不舍昼夜。"

辜译

有一次，孔子站在湍急的河流边说："消逝的时光就像流水一样匆匆流逝，不分昼夜，永不停息！"

（十七）子曰："吾未见好德如好色者也。"

辜译

有一次，孔子说："现在我还没有看到这样的人，喜欢道德超过喜欢美貌。"

（十八）子曰："譬如为山，未成一篑，止，吾止也。譬如平地，虽覆一篑，进，吾往也。"

辜译

孔子说："假如有人想建造一座堤坝，只差一筐土就可以完成，如果他在这时（因为没有成功）而突然停止，这完全取决于他自己。

如果有人想筑平一段路,虽然只是多堆了一筐土(而没有达成目标),但工作的进度也完全取决于他自己。"

（十九）子曰："语之而不惰者,其回也与！"

辜译

孔子评价他最喜欢的学生颜回时说："听我说话并始终能保持专注、毫不懈怠的,大概只有他一人吧。"

（二十）子谓颜渊曰："惜乎！吾见其进也,未见其止也。"

辜译

孔子评价学生颜回时说："可惜他去世了！我亲眼目睹他不断进步,从来没看到他停下前进的脚步。"

（二十一）子曰："苗而不秀者有矣夫！秀而不实者有矣夫！"

辜译

有一次,孔子谈到他的学生们时说："有的人只是长出了苗,但却不会开花；有的人只是开了花,但却不会成熟到结出果实。"

（二十二）子曰："后生可畏，焉知来者之不如今也？四十、五十而无闻焉，斯亦不足畏也已。"

辜译

孔子说："年轻人应该受到尊重，我们怎么能知道他们有朝一日不会赶上我们呢？如果一个人到四五十岁的时候还默默无闻，那他就没什么成就值得人肃然起敬了。"

（二十三）子曰："法语之言，能无从乎？改之为贵。巽与之言，能无说乎？绎之为贵。说而不绎，从而不改，吾末如之何也已矣。"

辜译

孔子说："用严肃而合乎原则的话语同他人交谈，他可能会赞同你，但重点是通过和你交谈，他是否会从中受益并改变自己的行为。假如用寓言的方式和人说话，对方可能很愿意听你讲故事，但重点是对方是否能将其中的寓意用在自己身上。如果我发现有人对我的话表面随声附和，实际上却依然我行我素，或者很高兴听我讲寓言，却不能将其中的道德寓意用在自己身上，对这样的人，我真是拿他没办法！"

（二十四）子曰："主忠信。无友不如己者，过则勿惮改。"

辜译

孔子说："要将尽职尽责和诚挚待人作为自己的首要原则。不和品行不如自己的人交朋友。一旦发现自己有坏习惯，应毫不犹豫地改正。"

（二十五）子曰："三军可夺帅也，匹夫不可夺志也。"

辜译

孔子说："一支部队可以夺去它的主帅，但一个普通人的志向是不能强迫改变的。"

（二十六）子曰："衣敝缊袍，与衣狐貉者立，而不耻者，其由也与？'不忮不求，何用不臧？'"子路终身诵之。子曰："是道也，何足以臧？"

辜译

孔子评价他的学生子路时说:"穿着破旧的老式粗布衣服,站在一堆穿着华丽衣服的人中间而不感到羞耻的,恐怕只有仲由吧。不嫉妒,不贪婪;所作所为,品行端良。"随后,当子路反复吟诵这两行诗的时候,孔子说:"只是做到这样,还不能说做得足够好。"

辜解

英国有一位著名的宰相在谈到国家用人时曾说:"国家用人,应重视道德,而不是重视非常之人才。天下百姓不能没有君长,而君长的事务又有大小轻重之别,那么即使是能力平常的人,也未尝不能胜任君长的职务。这大概是因为造物主在管理天下大小事物时,自有其玄妙的道理,如果不是非常贤明的智者,是难窥其奥妙的。忠、信、廉、正、俭、约等各种平常才能,本来就是人人都具备的,只要在实践中加以阅历,虚心学习,那么从政又有何难呢?相反,如果一个人没有德行,纵然拥有绝世高才,对社会又有什么用处?因此但凡有才无德之人,断不可以任用。而那些天性宽厚而才能微有欠缺的人,虽然会耽误事情,但他们造成的损害远不及那些心术不正而才华超群的人深远。"我曾撰有一副自勉联:"不忮不求,淡泊明志。庸言庸行,平易近人。"也是这个意思。

（二十七）子曰："岁寒，然后知松柏之后凋也。"

辜译

孔子说："到了寒冷的季节，才知道松柏是最后落叶的。"

（二十八）子曰："知者不惑，仁者不忧，勇者不惧。"

辜译

孔子说："聪明的人不会迷惑，仁德的人不会忧愁，勇敢的人无所畏惧。"

辜解

孔子在另一个地方也说过："知耻近乎勇。"这可以用来描述满洲贵族的高尚气节与高贵品格。不客气地说，作为中国唯一的军事部族的后裔，满洲人远比汉人有气节，因为他们的祖先是英勇而无所畏惧的战士，没有什么东西能比尚武更能养成高尚的气节与高贵的个人品德。一个真正的战士，总是不断地以勇于自我牺牲的精神来激励自己，而自我牺牲正是所有高尚气节和高贵品格的来源。

子罕第九

（二十九）子曰："可与共学，未可与适道；可与适道，未可与立；可与立，未可与权。"

辜译

孔子说："有些人，你可以和他们分享你所了解的知识，但是他们不能像你一样理解其中的道理。有些人可以跟着你一起理解特定的道理，但是他们不能像你一样依理而行。有些人可以跟着你依理而行，但是他们不能随机应变，将基本原则运用到特定的环境中。"

辜解

孔子曰："可与共学，未可与适道；可与适道，未可与立；可与立，未可与权。"所谓"可与适道"，就是明白事物的道理；"可与立"，就是明白事物的道理并坚信它；"可与权"，就是知道如何权衡应变。天下之事，最难的不是明白道理，而是知道怎么运用这些道理。因此，权衡应变就显得尤为重要。就像治水，知道土能克水，这是道理所在，但如果只知道用这个道理来治理水祸，就会采取拥堵防御的方式。这样水越聚越多，越不可防御，一旦河流决堤，其危害比没有防御更为严重。这就是治水者只知道事理而不知道权变。知道权变的人必然会考察地势的高低，水力的大小，因时因地进行疏通引导,根据具体情况采取对策,而不是拘泥于既定的方法,这就是知道如何运用道理。

(三十)"唐棣之华,偏其反而。岂不尔思,室是远而。"子曰:"未之思也,夫何远之有?"

辜译

"唐棣花儿争奇斗艳,
婀娜多姿翩翩摇摆;
难道我不想你吗,我的爱人!
是因为你的家实在太遥远!"
在反复吟诵这首诗的时候,孔子说:"那是因为男人并没有真的想念她,不然还会觉得遥远吗?"

乡党第十

（一）孔子于乡党，恂恂如也，似不能言者。其在宗庙朝廷，便便言，惟谨尔。

辜译

孔子在家乡时显得谦恭而温和，似乎不太像能言善辩之人。然而在社会、在官场和朝堂上，孔子说话总是从容不迫，明白流畅，只是因深思熟虑而说得很少。

（二）朝，与下大夫言，侃侃如也；与上大夫言，訚訚如也。君在，踧踖如也，与与如也。

辜译

在官场上，孔子同低级官员聊天时，显得温和而快乐；同高级官员谈话的时候，显得正直而恭敬；同君主在一起的时候，又显得恭敬而不安，但又仪态适中。

（三）君召使摈，色勃如也；足躩如也。揖所与立，左右手，衣前后，襜如也。趋进，翼如也。宾退，必复命曰："宾不顾矣。"

辜译

当国君派孔子接待其他国家来的宾客时，孔子会庄重地站起，恭敬地接受命令。向站在他左右两边的官员躬身行礼时，衣裳会前后摆动，却整齐不乱。他快步向前的时候，不会显得匆忙，而是从容大方。当客人走后，孔子会回到自己的位置宣布说："客人已经离开了。"

（四）入公门，鞠躬如也，如不容。立不中门，行不履阈。过位，色勃如也，足躩如也，其言似不足者。摄齐升堂，鞠躬如也，屏气似不息者。出，降一等，逞颜色，怡怡如也。没阶，趋进，翼如也。复其位，踧踖如也。

辜译

走进宫殿时，孔子会在大门口弯下腰，谨慎的模样仿佛没有容身之地。进入宫殿后,孔子绝不会站在门的中间,也不会在进门的时候踩踏门坎。在经过接见厅的时候,他会面色庄重地站起,脚步加快,并且言语也仿佛中气不足。然后他拉起袍边,弯下身子,向国君的座位走去,同时屏住呼吸,好像害怕呼吸的声音过大。讲完话以后,孔子走下台阶,脸色才舒展开来,怡然自得。走完了台阶,他会加快脚步,姿态像鸟儿舒展翅膀。回到自己的位置,又显出谨慎恭敬而惶恐不安的样子。

(五)执圭,鞠躬如也,如不胜。上如揖,下如授。勃如战色,足蹜蹜,如有循。享礼,有容色。私觌,愉愉如也。

辜译

当孔子迫不得已拿着国君的权杖时,他会弯下腰,好像权杖对于他来说太过沉重。权杖的位置不会高过额头,像在作揖,也不会低于胸部,满脸敬畏和谨慎,脚步缓慢而整齐。当接受派遣出使其他国家时,在公开场合(比如问礼时),他会表现得很庄重。而在私下会见时,他又显得和蔼可亲,轻松而愉快。

(六)君子不以绀緅饰,红紫不以为亵服。当暑,袗絺绤,必表而出之。缁衣羔裘,素衣麑裘,黄衣狐裘。亵裘长,短右袂。必有寝衣，长一身有半。狐貉之厚以居。去丧，无所不佩。非帷裳，必杀之。羔裘玄冠不以吊。吉月，必朝服而朝。

辜译

孔子认为以下细节是作为君子在穿着上必须注意的地方：

君子不用天青色和铁灰色镶边的衣服。平常居家的衣服不会用红色（或近乎红色）和紫色。夏天会穿着细纱衣或者粗布衣服，但一定会裹着衬衫，使它套在内衣的外面。冬天穿黑色的罩衣，配黑色的羊羔皮衣；白色的罩衣配白色的鹿皮衣；黄色的罩衣配黄色的狐皮衣。平时在家穿的毛皮内衣一般要做得长一些，右边袖子稍稍短一些。睡觉的时候一定要有睡衣，并且可以遮盖全身。冬天在家的时候，用狐貉的厚毛皮做坐垫。服丧期过后，脱下丧服，佩戴一些饰物。下衫除了有时作为围裙（就像现在的石匠），在正式的场合，应该对多余的部分加以剪裁。在哀悼的场合，不应穿羊皮衣服或是戴深蓝色的帽子。在每月的第一天，一定要穿礼服去朝拜君主。

（七）齐，必有明衣，布。齐必变食，居必迁坐。

辜译

在斋戒的日子里，孔子会虔诚地祈祷，穿干净整洁的素色衣服。

在此期间，会改变日常的饮食习惯，并搬出平日居住的寝室（不与妻妾同房）。

（八）食不厌精，脍不厌细。食饐而餲，鱼馁而肉败，不食；色恶，不食；臭恶，不食；失饪，不食；不时，不食；割不正，不食；不得其酱，不食。肉虽多，不使胜食气。惟酒无量，不及乱。沽酒市脯不食。不撤姜食，不多食。祭于公，不宿肉，祭肉不出三日。出三日，不食之矣。食不语，寝不言。虽疏食菜羹，瓜祭，必齐如也。

辜译

下面是孔子在食物及饮食上遵守的细节：

在食物上，他喜欢把大米洗得非常干净，炖肉时要把肉切成小块。粮食发霉变质，他不会吃；鱼和肉糜烂，他不会吃；如果食物的颜色不正，味道变差，他不会吃；烹调不当的食物，他不会吃；不是当季的食物，他不会吃；不是按一定方法切割的肉，他不会吃；没有适当的调味酱，他不会吃。

即使桌上摆满了肉菜，他吃的肉也绝不会超过米饭的量。只有饮酒，孔子一般不限量，但是绝不会喝过量。

从市场上买来的酒和肉，孔子不会吃。一般桌上必须有姜，但不会吃过量。

参加国君祭祀典礼时分到的肉，不会留到第二天。在家中祭祀用的肉,不会保留超过三天;一旦超过三天,他便不会再吃了。

在桌上吃饭的时候不说话,睡觉的时候也不说话。

即使是粗茶淡饭,孔子在餐前也总会祭拜,并且祭拜时各种礼仪一定恭敬齐备。

中国古代的饭前祭拜习俗,并不完全类似欧洲的饭前祷告习俗。这种习俗直到现在还能在中国的某些地方见到。饭前祷告包括盛一小碗米饭或肉,放在饭桌旁边,供奉赐予食物的神灵,希望他们享用这些供品后能够高兴。

(九)席不正,不坐。

辜译

在日常生活中,如果坐垫放得不端正,孔子不会坐上去。

(十)乡人饮酒,杖者出,斯出矣。乡人傩,朝服而立于阼阶。

辜译

在家乡参加公宴时,孔子一定要等年长的人离席,自己才出去。家乡举行驱鬼的宗教仪式时,当村民经过孔子的家,孔子总是整齐着装,站在自家门前的台阶上,而且站在房子东面的台阶上。

（十一）问人于他邦，再拜而送之。康子馈药，拜而受之。曰："丘未达，不敢尝。"

辜译

当孔子偶尔委托别人向身在异国的朋友带去问候时，在捎信的人离开的时候，孔子会深深鞠躬两次，并把他送到门口。

有一次，鲁国贵族季康子送给孔子一些药，孔子礼貌地接受了，但是对送药的仆人说："请告诉你的主人，我对这些药物的药性不甚了解，因此不敢服用。"

（十二）厩焚。子退朝，曰："伤人乎？"不问马。

辜译

有一次，孔子刚从宫廷应诏回家，听说国家的马厩着火了，他首先问："是否有人受伤？"没有问马的情况。

辜解

最近某地发生了一起事故，朝廷内外的重要人物纷纷发电报问："羊有没有受伤？"而没有人问及百姓。我认为，如今中国之大局，外敌入侵并不可怕，可怕的是国内那些想造反的百姓。那些百姓之所以想造反，原因有两个：一是饥饿，二是怨恨。想要短期内让老百姓不再受饿，谈何容易，所以比较容易的做法是让老百姓不要心存怨恨。如今百姓饱受饥饿，是因为实行新政；而老百姓所怨恨的东西，则与新政无关。老百姓并不是怨恨新政，而是怨恨实施新政的官员们。当今朝廷已经认识到了新政扰民的现象，却依然大力施行新政，无非是为了保民，而不是为了保护外来势力和大臣们的官位。如果全国上下都能看清实行新政的目的，在实行新政过程中事事以保民为心，那么即使老百姓因此饥饿而死，他们又怎么会怨恨呢？孟子说："以生道杀民，虽死不怨杀者。"就是这个道理。

（十三）君赐食，必正席先尝之。君赐腥，必熟而荐之。君赐生，必畜之。侍食于君，君祭，先饭。疾，君视之，东首，加朝服，拖绅。君命召，不俟驾行矣。

辜译

当国君送给孔子熟食时，孔子总是将食物端正地放在桌上，自己先品尝。当国君送给孔子生肉时，他会先把肉煮熟，然后把肉放在祖先牌位前上供。当国君送给他活牲口时，他一定会饲养起来。当与国君同席进餐时，在国君举行饭前祭礼的时候，孔子总会先吃饭（不吃菜）。孔子生病了，国君来看他，他便头朝东躺着，并把朝服盖在身上，将朝带绑在朝服上。国君召见孔子，他不等车马驾好就立刻步行前去了。

（十四）入太庙，每事问。

辜译

孔子在君王的宗庙供职的时候，他对服务过程中的每一个环节都会询问。

（十五）朋友死，无所归，曰："于我殡。"朋友之馈，虽车马，非祭肉，不拜。

辜译

如果有朋友去世，又没有亲属负责丧事，孔子总是说："我来办吧，我来安葬他。"

如果有朋友送给孔子礼物，就算这些礼物包括贵重的车和马，在接受礼物的时候，孔子不会鞠躬行礼。唯一可以让孔子鞠躬行礼的礼物，就是作为贡品的祭肉。

（十六）寝不尸，居不客。见齐衰者，虽狎，必变。见冕者与瞽者，虽亵，必以貌。凶服者式之，式负版者。有盛馔，必变色而作。迅雷风烈，必变。

辜译

孔子睡觉时绝不会像死尸一样直挺着身子。在平常的家庭生活中，他绝不使用非常正式的礼仪。

如果看到穿丧服的人，即使和这个人的关系很亲密，孔子也一定会显得庄重。如果遇到穿官服的官员或者盲人，尽管自己可能穿便装，孔子也会毕恭毕敬。

乘车的时候，如果遇到出殡的队伍，孔子总会从马车里伸出头行礼。如果遇到出殡回来的队伍，他会以相同的方式行礼。参加宴席的时候，如果有丰盛的酒菜送到席上，他会显得异常严肃，并站起来向主人致谢。

如果突遇电闪雷鸣或者狂风肆虐，他会显得庄严凝重，以示对上天的敬畏。

（十七）升车，必正立，执绥。车中，不内顾，不疾言，不亲指。

辜译

当孔子上马车的时候，一定会站好，拉着扶手带登车。坐上马车后，孔子会目视前方，不回头，不高声快速说话，也不用手指指点点。

（十八）色斯举矣，翔而后集。曰："山梁雌雉，时哉时哉！"子路共之，三嗅而作。

辜译

（孔子在山谷中行走，看见了几只野鸡。）当大家转过头看向野鸡的时候，它立刻飞了起来，在空中盘旋，又再次落下。有人惊叹："啊！野鸡落在山上了！啊！野鸡落在山上了！你可真是生逢其时！真是生逢其时！"孔子的学生子路反复念了三遍，然后恍然大悟，大喊一声，站起来离开了。

先进第十一

（一）子曰："先进于礼乐，野人也；后进于礼乐，君子也。如用之，则吾从先进。"

辜译

孔子说："上一代人在艺术和精修方面，有人认为比较粗陋；而当代人在这些方面更优雅。但是以我的经验看，我更倾向于上一代人的风格。"

（二）子曰："从我于陈、蔡者，皆不及门也。"德行：颜渊、闵子骞、冉伯牛、仲弓。言语：宰我、子贡。政事：冉有、季路。文学：子游、子夏。

辜译

孔子在年老的时候说："我前些年周游列国时，跟着我共患难的学生,现在都不在我身边受教了。"

"在信仰和行为方面与众不同的有:颜渊(颜回)、闵子骞(悯损)、冉伯牛(冉耕)、仲弓(冉雍);口齿伶俐、能言善辩的有:宰我、子贡;以管理才能而著称的有:冉有、季路(子路);以文学而知名的有:子游、子夏。"

(三)子曰:"回也非助我者也,于吾言无所不说。"

辜译

孔子评价他最喜欢的学生颜回时说:"就是这个颜回,他从来没有帮助过我。不管我对他说什么,他都会心悦诚服。"

(四)子曰:"孝哉闵子骞!人不间于其父母昆弟之言。"

辜译

孔子评价另一位学生闵子骞(闵损)说:"他确实是个孝子。有目共睹的是,不管父母怎么说,他都没有怨言。"

（五）南容三复白圭，孔子以其兄之子妻之。

辜译

孔子的学生南容（即南宫适）喜欢反复吟诵《诗经·大雅·抑之》的诗句："白圭之玷，尚可磨也，斯兰之玷，不可为也。"（意为石头上的污点可以被磨掉，但是说错的话却永远不能收回。）孔子就把自己的侄女嫁给了他。

（六）季康子问："弟子孰为好学？"孔子对曰："有颜回者好学，不幸短命死矣，今也则亡。"

辜译

鲁国贵族季康子问孔子，他的学生中谁有真才实学。

孔子回答："以前有一个叫颜回的，他是个有真才实学的人。但不幸的是，他英年早逝。现在没有一个像他那样的人。"

（七）颜渊死，颜路请子之车以为之椁。子曰："才不才，亦各言其子也。鲤也死，有棺而无椁。吾不徒行以为之椁。以吾从大夫之后，不可徒行也。"

辜译

孔子最喜欢的学生颜回去世后,颜回的父亲颜路请求孔子卖掉马车,好买棺椁来安葬颜回。

孔子回答:"(虽然颜回和我的儿子鲤)一个有才一个无才,儿子终究是自己的儿子,而不是别人的儿子。我自己的儿子去世的时候,也只是用简单的棺材埋葬,并没有准备外棺。我不能卖掉马车步行出门,好让你给儿子买外棺。因为我在国家议会中任职,外出时是不允许步行的。"

(八)颜渊死,子曰:"噫!天丧予!天丧予!"

辜译

当听到自己最喜欢的学生颜回去世的消息时,孔子放声痛哭:"唉!老天爷真要我的命呀!老天爷真要我的命呀!"

(九)颜渊死,子哭之恸。从者曰:"子恸矣。"曰:"有恸乎?非夫人之为恸而谁为?"

辜译

当孔子最喜欢的学生颜回去世的时候,孔子放声痛哭。旁边的人纷纷安慰他:"先生,请不要太过悲伤!"

"我悲伤过度了吗?"孔子回答,"但是如果我不为他这么悲伤,又该为谁这么悲伤呢?"

(十)颜渊死,门人欲厚葬之。子曰:"不可。"门人厚葬之。子曰:"回也视予犹父也,予不得视犹子也。非我也,夫二三子也。"

辜译

当孔子最喜欢的学生颜回去世后,孔子的其他学生建议隆重安葬他。但是孔子说:"不要看我的面子这么做。"尽管如此,学生们还是隆重地安葬了颜回。

后来孔子对学生说:"颜回对待我就像对待父亲一样,但是我却不能像对待自己的儿子一样对待他。这不是我的错。哎!是你们这些人的错呀!"

(十一)季路问事鬼神。子曰:"未能事人,焉能事鬼?"曰:"敢问死。"曰:"未知生,焉知死?"

辜译

孔子的学生子路问应该如何对待逝者的灵魂。孔子回答:"我们对在世的人还没有尽到应尽的义务,又怎么去对死人尽义务呢?"

子路继续询问死亡是怎么回事。孔子回答:"我们还不明白活着的事情,为什么要问死的事情?"

(十二)闵子侍侧,訚訚如也;子路,行行如也;冉有、子贡,侃侃如也。子乐。"若由也,不得其死然。"

辜译

有一次,几个学生站在旁边伺候孔子,其中一位学生闵子骞显得和悦而温顺;子路显示出刚强的样子;另外两个学生冉有和子贡则显得温和而快乐。孔子看着他们,非常高兴。但是他又说:"像子路这样,恐怕不能寿终正寝吧。"

(十三)鲁人为长府。闵子骞曰:"仍旧贯,如之何?何必改作?"子曰:"夫人不言,言必有中。"

辜译

鲁国有些当权者提议修建一座新的国库。孔子的学生闵子骞说:"为什么不把原来的国库重新翻修一下,以适应当前的需要呢?为什么要修建新的?"

孔子说:"闵子骞这个人平时很少说话,但是只要他一开口,总能说中要害。"

(十四)子曰:"由之瑟,奚为于丘之门?"门人不敬子路。子曰:"由也升堂矣,未入于室也。"

辜译

有一次,孔子斥责他的学生、勇猛的子路说:"仲由弹瑟,为什么来我这里弹呢?"从那以后,其他学生开始瞧不起子路。但是孔子又说:"子路在学习方面已经找到了门路,只是还没有进入其中!"

(十五)子贡问:"师与商也孰贤?"子曰:"师也过,商也不及。"曰:"然则师愈与?"子曰:"过犹不及。"

辜译

孔子的学生子贡问孔子另外两位学生子张和子夏谁更优秀。孔子回答:"子张已经超过了标准,子夏还稍有不足。"

子贡说:"那么子张比子夏优秀吧?"

孔子回答:"不,超过标准和稍有不足同样不好。"

辜解

解释"过犹不及",一个极好的例子,就是德国人因为对正义的深切热爱、对非正义的深切憎恨,以及对所有分裂和无秩序的深切憎恨,才使得他们信任和崇拜武力。而当武力被无节制地运用时,就会变成可怕而让人讨厌的"非正义",它甚至比分裂和无秩序更罪孽深重。

另外,古希伯来人也是因为对非正义的过分憎恨而毁灭了犹太国家。这种对于非正义的过分深切、狭隘、尖刻、严酷的痛恨,使得耶稣基督要来拯救他的人民。耶稣告诫他的人民说:"要记住,必须和善、谦卑,你们的灵魂才能安宁。"但是犹太人并没有听从,而且将耶稣钉死在了十字架上。结果,犹太国家不可避免地走向了覆灭。面对那些担任欧洲文明保卫军的罗马人,耶稣也说:"拔剑者必亡于剑。"但是罗马人也没有听从,并容忍犹太人钉死他。结果,罗马帝国和欧洲的旧文明也随之土崩瓦解。

(十六)季氏富于周公,而求也为之聚敛而附益之。子曰:"非吾徒也。小子鸣鼓而攻之可也。"

辜译

鲁国权贵季孙氏富可敌国。孔子的学生冉有给这位贵族当差,大肆搜刮这位贵族土地上的人民，使得他的主人积累了更加巨大的财富。

谈到上面提及的学生冉有时，孔子大声向其他学生宣布："他不再是我的学生，大声喊出来吧！孩子们，一起去攻击他！"

（十七）柴也愚，参也鲁，师也辟，由也喭。

辜译

孔子评价他的四位学生说："高柴愚直简单，曾参反应迟钝，子张华而不实，子路莽莽撞撞。"

（十八）子曰："回也其庶乎，屡空。赐不受命而货殖焉，亿则屡中。"

辜译

孔子评价他最喜欢的学生颜回和另一位学生子贡时说："这就是颜回，他几乎是一个无可挑剔的完人，可惜他的生活总是陷入贫困。端木赐不安本分，但是他做买卖，财富能不断增长，对行情的判断总是那么准确。"

（十九）子张问善人之道。子曰："不践迹，亦不入于室。"

辜译

孔子的学生子张问孔子怎样才算是善人。孔子回答："善人不按常规办事，也不假称信奉什么教义秘密。"

辜解

对于这句话，朱熹解释说："善人本质就是好的，不需要去刻意学习。"并引用程颐的话："践迹，就是按照既定规则行事，好人虽然不一定按照既定规则行事，但是也不会作恶。"我认为，"践迹"是指做善事并非发自内心，而是只做到了表象，这也正是宋儒所说的"客气"。比如《论语》里所谓的"有事，弟子服其劳；有酒食，先生馔"，都只是"践迹"的表现，并不是真正的孝。曾参曾评论子张说："堂堂乎张也，难与并为仁矣。"意思是说，子张虽然相貌堂堂，但他实际上很难算得上仁。所以当子张向孔子请教如何做一个善人时，孔子回答说："不践迹。"孔子这是在对症下药。如果为了学习圣人之道而一味地"践迹"，那么实际上是连一个善人的标准都达不到的，更不要说去做圣人了。

后来，荀子也学习圣人之道，他的学问大体不错，但小有瑕疵，原因就在于他过于追求外部的美好表现。所以苏东坡评论荀子说：

"其为人必也刚愎不逊,自许太过。"这也是荀子自高自大的一个证明。

(二十)子曰:"论笃是与,君子者乎,色庄者乎?"

辜译

然后,孔子继续说:"现在的人对他们信奉的东西极为真挚。他们是真君子呢,还是表面显得庄重呢?这正是我想知道的。"

(二十一)子路问:"闻斯行诸?"子曰:"有父兄在,如之何其闻斯行之?"冉有问:"闻斯行诸?"子曰:"闻斯行之。"公西华曰:"由也问闻斯行诸,子曰:'有父兄在';求也问闻斯行诸,子曰:'闻斯行之'。赤也惑,敢问。"子曰:"求也退,故进之;由也兼人,故退之。"

辜译

勇猛的子路问孔子,是否能将所学到的知识立即用于实践。孔子回答:"不行,你应该先问一下父母和家中老人的看法,怎么能自己决定立刻将所学的知识用于实践呢?"

另一位学生冉有在其他场合问孔子同样的问题。孔子回答:"可以,马上就去做吧。"

随后,另一位学生公西华大着胆子问孔子,为什么对同样的问题给出两个完全不同的回答。

孔子回答:"因为冉有太懦弱,因此我说立即去做,是为了鼓励他。至于子路,他太鲁莽了,因此我让他先问父母长辈的意见,是为了约束他。"

(二十二)子畏于匡,颜渊后。子曰:"吾以女为死矣。"曰:"子在,回何敢死?"

辜译

孔子带学生周游列国时,有一次在某个地方遭到暴民的囚禁,孔子最喜欢的学生颜回和大家失散了。后来,当颜回回来后,孔子说:"我担心你被杀害了。"颜回回答:"老师还活着,我怎么敢让自己死呢?"

(二十三)季子然问:"仲由、冉求可谓大臣与?"子曰:"吾以子为异之问,曾由与求之问。所谓大臣者,以道事君,不可则止。今由与求也,可谓具臣矣。"曰:"然则从之者与?"子曰:"弑父与君,亦不从也。"

辜译

鲁国掌权贵族季氏家族的一位成员季子然,谈到孔子的两位在季氏当差的学生子路和冉有时,问孔子这两个人是否称得上政治家。

孔子回答:"我以为你问的是别人呢,原来是问他们俩呀。这是你想全部知道的吗?我认为,政治家是指那些根据职业道德来侍奉主人的人,一旦他们发现无法坚持职业道德时,就会不再侍奉主人。至于你提到的这两位——他们可以称为政客,而不是政治家。"

这位贵族继续问:"但这两个人会一直顺从上级吗?"

"杀父弑君的事情,他们是不会做的。"孔子回答。

(二十四)子路使子羔为费宰。子曰:"贼夫人之子。"子路曰:"有民人焉,有社稷焉,何必读书,然后为学?"子曰:"是故恶夫佞者。"

辜译

有一次,孔子的学生子路任命一位非常年轻的人子羔去担任重镇费城的行政长官。"你这是在误人子弟呀!"孔子对他说。

"为什么?"子路回答,"那个地方有那么多百姓,也有社稷。治理百姓、祭祀神灵都是学习,为什么一定要读书才算学习呢?"

孔子说:"这正是我不喜欢巧言善辩之人的原因。"

（二十五）子路、曾皙、冉有、公西华侍坐。子曰："以吾一日长乎尔，毋吾以也。居则曰：'不吾知也！'如或知尔，则何以哉？"子路率尔而对曰："千乘之国，摄乎大国之间，加之以师旅，因之以饥馑，由也为之，比及三年，可使有勇，且知方也。"夫子哂之。"求，尔何如？"对曰："方六七十，如五六十，求也为之，比及三年，可使足民。如其礼乐，以俟君子。""赤，尔何如？"对曰："非曰能之，愿学焉。宗庙之事，如会同，端章甫，愿为小相焉。""点，尔何如？"鼓瑟希。铿尔，舍瑟而作，对曰："异乎三子者之撰。"子曰："何伤乎？亦各言其志也。"曰："莫春者，春服既成，冠者五六人，童子六七人，浴乎沂，风乎舞雩，咏而归。"夫子喟然叹曰："吾与点也！"

三子者出，曾皙后。曾皙曰："夫三子者之言何如？"子曰："亦各言其志也已矣。"曰："夫子何哂由也？"曰："为国以礼，其言不让，是故哂之。""惟求则非邦也与？""安见方六七十，如五六十而非邦也者？""惟赤则非邦也与？""宗庙会同，非诸侯而何？赤也为之小，孰能为之大？"

辜译

有一次，孔子的四位学生坐在一起侍奉孔子。孔子对他们说："诸位，我只是比你们年长一些，不要因为我年长而不敢说话。你们平时总说没有人赏识自己,但是如果你们被权贵赏识,请你们告诉我,你们能做什么?"

子路毫不犹豫地立即回答:"如果一个小国夹在两个大国之间,而且这个国家正遭受别国的侵犯,加上国内备受饥荒的困扰——如果让我治理这样的国家,只要三年时间,我就可以让人民变得勇敢,而且懂得礼仪。"

孔子听后,微微一笑,然后回头问另一位学生冉有:"你呢?你怎么说?"

冉有答道:"如果让我治理一个国家,也就是拥有三四流国力的那种国家,在这种情况下,通过三年时间,我可以让老百姓富裕。至于教育这种比较高尚的事情,那只有等待贤人君子了。"

然后孔子扭头问另一位学生公西华:"你呢?你怎么说?"

公西华回答:"我不敢说一定能做到,但是我会竭尽全力去做。如果国家需要履行一些职能,比如接待外宾和公共集会之类的事情,我会穿着体面的服装去做。在这些活动中,我想我可以充当一个副手。"

"那么你呢?"孔子问四个学生中最后的一位学生曾皙,"你怎么说?"

曾皙放下正在演奏的瑟,站起来回答:"我所想的和他们几位提到的完全不同。""那有什么关系?"孔子说,"我们只是谈论每个人的想法罢了。"曾皙回答:"假设现在正好是春末时节,因为天气暖和,我们都脱去冬天的衣服,换上光鲜靓丽的春装,我会建议带上五六个成年朋友和六七个小孩,一起到浪漫的河水中洗浴;随后,我们一起到古老的露台上吹风纳凉;最后,我们一路唱着歌,悠然自得地回家。"

"哎!"孔子随后叹息一声说,"我赞同他的说法。"

当子路、冉有、公西华三个人离开后,最后一个说话的学生曾皙留下来,问孔子:"对于其他三个人说的话,您有什么看法?"

孔子回答:"他们只是说出各自的想法罢了。"

"但是,"曾皙问,"您为什么要笑子路呢?"

孔子回答:"治理一个国家需要谦虚礼让,但是子路说话一点都不谦虚,因此我笑他。"

"但是第二位学生冉有呢?"曾皙继续问,"难道他没有谈论治理国家的事务么?""怎么?"孔子回答,"你听说过一个三四流国力的国家不算是一个国家吗?""那么,"曾皙继续问,"第三个说话的冉有,难道他谈论的不是一个大国的事务吗?"

"有朝廷、有外宾接待、有公共集会,"孔子回答,"除了在帝国的侯国朝廷看到这些事情,你还能在哪里看见呢?第三个发言的冉有谦虚地说,他在这些职能上可以当一个副手。如果像他这样的人只能做副职的话,那么谁又适合做正职呢?"

颜渊第十二

（一）颜渊问仁。子曰："克己复礼为仁。一日克己复礼，天下归仁焉。为仁由己，而由人乎哉？"颜渊曰："请问其目？"子曰："非礼勿视，非礼勿听，非礼勿言，非礼勿动。"颜渊曰："回虽不敏，请事斯语矣。"

辜译

孔子最喜欢的学生颜回问孔子，怎样才是仁德。孔子回答："抑制自己，一切按照得体而正确的要求（即礼）去做，这就是仁。如果每个人都能做到这一点，那么这个社会就会变得高尚。要想做到仁德，完全取决于自己，而不是别人。"

然后，颜回又问孔子什么是仁德的实际规则。孔子回答："凡是和得体且正确的要求相违背的事情都不要去看；凡是和得体且正确的要求相违背的事情都不要去听;凡是和得体且正确的要求相违背的事情都不要去说;最后,凡是和得体且正确的要求相违背的事情都不要去做。"

颜回说:"我虽然迟钝,但也要按照您的话去做。"

达朗贝尔评论说,如果古人狄奥根尼仅拥有"体面",他可能是古代欧洲最伟大的人。

歌德作品中曾写道:

"汝若无成,

汝若无死,

尘世阴森,

汝徒永远羁旅耳。"

希腊人和意大利人关于礼的理想第二部分,正如歌德所说的,其本身就是信仰。

辜解

歌德说:"在世界上有两种平和的力量——正义和得体。"这里所说的正义和得体,正是孔子传授给中国人的良民宗教的精髓所在。尤其这种得体,是中国文明的精髓。中国的"五经"和"四书",也就是孔子为中华民族保留下来作为文明总纲的书,也教中国人爱正义,要做正义的人,做正义的事,做一个有良好修养的好人。基督教说:"爱人类。"但是孔子说:"爱有良好修养的人类。"

（二）仲弓问仁。子曰："出门如见大宾，使民如承大祭。己所不欲，勿施于人。在邦无怨，在家无怨。"仲弓曰："雍虽不敏，请事斯语矣。"

辜译

孔子的学生仲弓在另一个场合问孔子，怎样才是仁德。孔子回答："当出门办事的时候，总是表现得像在帝王面前一样谨慎；和人打交道的时候，表现得像对上帝祈祷一样虔诚。自己不愿意要的，不要强加给别人。不管是在国家的工作岗位中，还是在自己的家庭生活中，都不要给别人任何抱怨你的正当理由。"

于是仲弓说："尽管我愚笨，而且反应迟缓，但是我会按照您刚才说的话去做。"

（三）司马牛问仁。子曰："仁者，其言也讱。"曰："其言也讱，斯谓之仁已乎？"子曰："为之难，言之得无讱乎？"

辜译

孔子的学生司马牛问孔子，什么是仁德。孔子回答："道德高尚的人说话会很谨慎。"司马牛问："说话谨慎，仅仅这样就算是道德高尚吗？"孔子回答："如果一个人感到高尚地生活非常困难，那么他还敢不谨言慎语吗？"

（四）司马牛问君子。子曰："君子不忧不惧。"曰："不忧不惧，斯谓之君子已乎？"子曰："内省不疚，夫何忧何惧？"

辜译

孔子的学生司马牛问孔子，怎样才算是君子。孔子回答："君子不焦虑，不恐惧。"司马牛问："不焦虑，不恐惧，仅仅这样就可以称为君子吗？"孔子回答："如果有人发现自己问心无愧，那他还有什么可焦虑的呢？还有什么可恐惧的呢？"

（五）司马牛忧曰："人皆有兄弟，我独亡。"子夏曰："商闻之矣：死生有命，富贵在天。君子敬而无失，与人恭而有礼，四海之内皆兄弟也。君子何患乎无兄弟也？"

辜译

孔子的学生司马牛总是闷闷不乐，时常抱怨说："所有人都有兄弟，唯独我没有。"子夏听到这话就说："我曾听说，人的生与死都是上天注定的，富贵荣华也都是上天赐予的。君子会做事严肃认真，没有过失，对待别人热情恭敬，而且合乎礼的规定。他会发现普天之下到处都是他的兄弟，还有什么理由抱怨没有兄弟呢？"

（六）子张问明。子曰："浸润之谮，肤受之愬，不行焉，可谓明也已矣。浸润之谮，肤受之愬，不行焉，可谓远也已矣。"

辜译

孔子的学生子张问怎样才算是聪明睿智。孔子回答："如果一个人既能够抵制别人像水润物那样暗中说坏话的攻击，又不会因为个人安全突遭威胁而受到影响，这样的人可以称为聪明睿智的人。事实上，一个人能够抵制这样的影响或这种不测，确实是超乎寻常的人。"

（七）子贡问政。子曰："足食，足兵，民信之矣。"子贡曰："必不得已而去，于斯三者何先？"曰："去兵。"子贡曰："必不得已而去，于斯二者何先？"曰："去食。自古皆有死，民无信不立。"

辜译

有一次，孔子的学生子贡问什么东西对于国家来说是最重要的。孔子回答："老百姓必须有充足的粮食，国家必须有足够的军队，人民必须对统治者有足够的信心。"

"但是，"子贡问，"如果这三项当中不得不抛弃其中一项，应该先去掉哪一项呢？""去掉军队。"孔子回答。

子贡继续问："但是，剩下的两项中，如果不得不再去掉一项的话，应该去掉哪一项呢？"

孔子回答："去掉粮食。因为人总是要死的，但如果人民对统治者丧失了信心，政府就不复存在了。"

（八）棘子成曰："君子质而已矣，何以文为？"子贡曰："惜乎，夫子之说君子也！驷不及舌。文犹质也，质犹文也，虎豹之鞟犹犬羊之鞟。"

辜译

有一次，卫国一位官员棘子成对孔子的学生子贡说："君子追求的只是本质，何必拘泥于那些表面形式呢？"

"听您这么说，我真遗憾，"子贡回答，"也许您说得对。但是，如果这么说，大家肯定会误解您的意思。事实上，形式来源于本质，但是本质同样来源于形式。这就好比老虎和豹子的皮（如果没有有文彩的毛），本质上就和狗、羊的皮是一样的。"

辜解

文学作品的形式，是我们研究文学时必须注重的一点。英国浪漫主义诗人华兹华斯曾说:"可以肯定,内容是很重要,但内容总要以形式表现出来。"的确如此,那些冠以孔子名义的文学作品,就形式而言,并不一定都达到完美的程度。它们被公认为是经典或权威,主要是因为它们所蕴涵的内容和价值,而不是它们的文体有多优美,或文学形式有多完美。苏东坡的父亲苏洵曾说,散文的最早形式可以追溯到孟子的对话体语录。但是,包括散文和诗歌在内的中国文学作品,从那以后已发展出多种文体和风格。比如,宋代的散文已经完全不同于汉代的散文,就像爱默生的散文不同于培根的散文一样;而六朝诗歌中,那些粗野的夸张和粗糙的措辞,和唐诗中那种纯洁、活力和出色区别甚大,就像济慈早期诗歌中那种粗暴和不成熟,与丁尼生诗歌的刚健、清新与色彩强烈也很不一样。

(九)哀公问于有若曰:"年饥,用不足,如之何?"有若对曰:"盍彻乎?"曰:"二,吾犹不足,如之何其彻也?"对曰:"百姓足,君孰与不足?百姓不足,君孰与足?"

辜译

有一次,孔子的祖国鲁国在位的国君鲁哀公问孔子的学生有若:"今年粮食歉收,国家收入难以满足公共开支。该怎么办呢?"

有若回答:"为什么不实行十征一的税法呢?"

"为什么呀?"国君回答,"就算是征收三分之二的税,都不能做到收支平衡，征收十分之一的税怎么够呢？"

对此，有若回答："如果百姓富足，国君也不会短缺。但是，如果百姓短缺，国君又怎么会富足？"

（十）子张问崇德、辨惑。子曰："主忠信，徙义，崇德也。爱之欲其生，恶之欲其死；既欲其生，又欲其死，是惑也。'诚不以富，亦祇以异。'"

辜译

孔子的学生子张问如何在人生中提高道德修养并驱散迷惑。孔子回答："要把忠诚守信作为首要原则，使自己的思想合乎道德，这样就能够提高道德修养。爱一个人，就希望他长寿；厌恶一个人，就恨不得他马上去死。但生死有命，如果总是追求这些事情，对自己也毫无好处。这也是人生中最大的迷惑。"

（十一）齐景公问政于孔子。孔子对曰："君君，臣臣，父父，子子。"公曰："善哉！信如君不君，臣不臣，父不父，子不子，虽有粟，吾得而食诸？"

辜译

齐国国君齐景公问孔子，什么东西才是国家最重要的。孔子回答:"国君要像国君,大臣要像大臣,父亲要像父亲,儿子要像儿子。"

"说得真好!"齐景公回答,"如果国君不像国君,大臣不像大臣,父亲不像父亲,儿子不像儿子——在这种状态下,就算我拥有税赋,又怎么享用得到呢?"

辜解

曾国藩复刘印渠信中说:"自从王安石在改革过程中因言利而为正人君子所诟病以来,正人君子们都远避理财之事,以不谈钱财有无和多少为高尚。"事实上,解救国家艰危,绝非坐在那里空谈清贫就能做到的。宋代理学家叶适曾说:"仁人君子不应置理财于不讲。"这是很恰当的。但我认为,理财当然不可以不讲,可眼下中国所谓的理财,其实不是真的理财,而是在争财。我涉及理财事务已数十年,知道那些真正得到财富的,只有洋场的买办和劝业会的阔绅。孔子曾说:"君君,臣臣,父父,子子。"而我认为,眼下中国想要通晓理财的道理,必须加上一句:"官官,商商。"因为今日之中国,大多数情况是:当官的品行低劣就会和商人一样,而商人品行低劣则会像当官的一样,这样相互勾结,正是导致如今天下饿殍遍野的原因。《易传》曰:"损上益下,谓之泰;损下益上,谓之否。"明白了这个道理,才可以去讲理财之事。

（十二）子曰："片言可以折狱者，其由也与？"子路无宿诺。

辜译

孔子评价他的学生子路说："仅凭只言片语就能判决案件，大概只有子路能做到吧！"孔子还评价子路说，他从来没有做出承诺却不兑现的。

（十三）子曰："听讼，吾犹人也。必也使无讼乎！"

辜译

孔子担任鲁国的司寇即最高法官后，曾说："坐在公堂上，审判递交上来的案件，我并不比别人优秀。但我一直在努力，尽量避免诉讼案件发生。"

（十四）子张问政。子曰："居之无倦，行之以忠。"

辜译

孔子的学生子张问如何治理政事。孔子回答："在制定计划的过程中要有耐心，不要倦怠，然后尽职尽责地去实施。"

（十五）子曰:"博学于文,约之以礼,亦可以弗畔矣夫!"

辜译

孔子说:"如果一个人广泛地学习古代的文化典籍,并用礼来约束自己,就不会误入歧途。"

（十六）子曰:"君子成人之美,不成人之恶。小人反是。"

辜译

孔子说:"君子鼓励人们在本性上发挥优点,而不是缺点。然而,小人正好与此相反。"

（十七）季康子问政于孔子。孔子对曰:"政者,正也。子帅以正,孰敢不正?"

辜译

鲁国贵族季康子问孔子如何治理国家。孔子回答:"'政'字就是端正的意思。如果您带领大家走正路,还有谁敢胡作非为呢?"

(十八)季康子患盗,问于孔子。孔子对曰:"苟子之不欲,虽赏之不窃。"

辜译

上面提到的贵族季康子被国内频繁发生的偷盗事件弄得头疼不已,就向孔子请教。孔子回答:"假如您自己不贪图钱财,即使奖励偷盗,人们也不会去偷盗。"

(十九)季康子问政于孔子曰:"如杀无道,以就有道,何如?"孔子对曰:"子为政,焉用杀?子欲善而民善矣。君子之德风,小人之德草,草上之风,必偃。"

辜译

季康子再次问孔子如何治理国家,他说:"为了好人而杀死坏人,您怎么看?"孔子回答:"治理国家,为什么必须依赖杀戮呢?如果一个国家希望诚实,百姓就会变得诚实。统治者的道德力量就像风一样,老百姓的力量就像草一样。不管风朝哪个方向吹,草必定会随风而弯。"

（二十）子张问："士何如斯可谓之达矣？"子曰："何哉，尔所谓达者？"子张对曰："在邦必闻，在家必闻。"子曰："是闻也，非达也。夫达也者，质直而好义，察言而观色，虑以下人。在邦必达，在家必达。夫闻也者，色取仁而行违，居之不疑。在邦必闻，在家必闻。"

辜译

孔子的学生子张问："怎么做才能让自己出类拔萃？"

"你所说的出类拔萃是什么意思？"孔子问。

"我的意思是说，"子张回答，"不管是在国君的朝廷还是在大夫的封地，都要拥有名声。"

孔子回答："你说的是虚假的名声，而不是真正的出类拔萃。所谓出类拔萃，是指品质正直，热爱真理，遵从礼仪，知道揣摩别人的话，通过观察别人的神情，听取他人的意见，以此来形成对人的正确判断，还要经常想着谦虚待人。这样的人，不管是在国君的朝廷还是在大夫的封地，都会出类拔萃。至于有虚假名声的人，总是外表装出道德高尚的样子，而行动上却相去甚远，自己对这样的表面现象不以为耻反以为荣；这样的人，不管是在国君的朝廷还是在大夫的封地，都很容易获得虚假的名声。"

（二十一）樊迟从游于舞雩之下，曰："敢问崇德，修慝，辨惑。"子曰："善哉问！先事后得，非崇德与？攻其恶，无攻人之恶，非修慝与？一朝之忿，忘其身，以及其亲，非惑与？"

辜译

有一次，孔子的学生樊迟陪同孔子到新建的宗教祭台去散步。樊迟问孔子："怎么做才能提高道德修养？如何发现内心深处的隐秘恶习及堕落思想？如何驱散人生中的迷惑？"

"这确实是一个非常好的问题。"孔子回答，然后说，"首先要踏踏实实地做事，而不是先考虑自己的个人得失，这就是提高道德修养的最佳方法。其次要严格要求自己，检讨自己的邪念，不要过多地指责别人，并养成习惯，或许这就是发现自己内心深处隐秘恶习的最佳方法。如果大清早起来就大发雷霆，忘乎所以，完全不顾自己的身体健康和父母亲朋的安全，这难道不是人生中最大的糊涂吗？"

（二十二）樊迟问仁。子曰："爱人。"问知。子曰："知人。"樊迟未达。子曰："举直错诸枉，能使枉者直。"樊迟退，见子夏曰："乡也吾见于夫子而问知，子曰'举直错诸枉，能使枉者直'，何谓也？"子夏曰："富哉言乎！舜有天下，选于众，举皋陶，不仁者远矣。汤有天下，选于众，举伊尹，不仁者远矣。"

辜译

孔子的学生樊迟问孔子:"仁德的含义是什么?"孔子回答:"仁德在充满爱心的人的心灵深处。"

樊迟继续问:"理解的含义是什么?"孔子回答:"理解,就是要了解别人。"

然而,樊迟还是无法领会孔子所说的话。于是孔子继续说:"把正直的人提拔出来,使他们的位置在邪恶的人之上,这样就能使邪恶的人正直了。"

樊迟离开后,遇到了孔子的另一位学生子夏,就对他说:"刚才我去见老师,问他什么是理解,他回答说:'把正直的人提拔出来,使他们的位置在邪恶的人之上,这样就能使邪恶的人正直了。'他这么说是什么意思?"

子夏回答:"这句话的寓意确实非常深远。当远古的帝王舜执掌政权的时候,从百姓中选拔正直的人才,提拔了皋陶做司法部长,从那一刻起,所有道德败坏的人都消失了。当远古的帝王汤执掌政权的时候,从百姓中选拔人才,提拔了伊尹当宰相,从那一刻起,所有品行恶劣的人都消失了。"

辜解

如果说，宗教的生命是道德律法，那么宗教的灵魂和源泉就是爱。这里的爱，不单是指男女之爱，还包括所有真实的人类感情，以及对所有生命的情感和善良，比如同情、怜悯、仁慈等。事实上，所有真实的人类情感都包括在"仁"这个中国汉字里面，用现代话来说，就是人性、人性的爱，或者用一个字来表达——爱。爱——你可以赋予它任何名称，如爱情、亲情、兄弟情，等等。而宗教之所以能够让人接受并信仰，依靠的就是人的天性中对他人的爱和内心的道德法则，这也就是孔子所说的"仁者爱人"。

（二十三）子贡问友。子曰："忠告而善道之，不可则止，毋自辱焉。"

辜译

孔子的学生子贡问如何对待朋友。孔子回答："对朋友要忠诚地劝告他，恰当地引导他；如果觉得自己引导不了，应立刻停止。不要同朋友争吵，以免自取其辱。"

（二十四）曾子曰："君子以文会友，以友辅仁。"

辜译

孔子的学生曾参说："君子根据自己对文学艺术的品位去结交朋友，他会通过朋友来帮助自己培养道德品质。"

子路第十三

（一）子路问政。子曰："先之劳之。"请益。曰："无倦。"

辜译

孔子的学生子路问如何才能管理好国家政事。孔子说："在老百姓面前以身作则，通过教化使老百姓勤劳。"子路要求孔子多说一些。孔子说："做事不要懈怠。"

（二）仲弓为季氏宰，问政。子曰："先有司，赦小过，举贤才。"曰："焉知贤才而举之？"曰："举尔所知。尔所不知，人其舍诸？"

辜译

孔子的学生仲弓在鲁国贵族季氏家当差，他向孔子请教如何管理国家政事。孔子说:"先令手下负责具体事务的官吏各自做好自己分内的事情,不要在意他们的小过错,选拔有能力的人任职。"

"但是,"仲弓又问:"我怎么才知道谁是贤才呢?"孔子说:"选拔你所了解的,至于那些你不了解的贤才,难道他们会被别人埋没吗?"

(三)子路曰:"卫君待子而为政,子将奚先?"子曰:"必也正名乎!"子路曰:"有是哉,子之迂也!奚其正?"子曰:"野哉,由也!君子于其所不知,盖阙如也。名不正,则言不顺;言不顺,则事不成;事不成,则礼乐不兴;礼乐不兴,则刑罚不中;刑罚不中,则民无所措手足。故君子名之必可言也,言之必可行也。君子于其言,无所苟而已矣。"

辜译

有一次,卫国在位的国君和孔子商讨从政的事情,孔子的学生、勇猛的子路对孔子说:"卫国国君想把国家政事托付给您。现在,您认为要做的第一件事是什么?"

"如果我必须开始,"孔子说,"我首先会纠正事物名分的用词。"

"哦!"子路说,"但是这太不切实际了。给事物定义名称有什么用?"

孔子回答:"你真是鲁莽。当君子听到自己不理解的事情时,通常会保留态度等待解释。如果事物的定义不准确，用词与事实不符，就不可能顺理成章。如果不能做到顺理成章，礼教和文明就不能蓬勃发展。如果礼教和文明不够发达，司法就达不到效果。如果司法达不到效果，民众就会手足无措。因此君子说一个词，一定可以说出他的理由，而且一定能顺理成章地行得通，君子总能在他使用的词语上一语中的。"

辜解

从字面看，孔子在这里提出的"无所苟"这个词，是按照他那个时代的文字特征提出来的，最近，斯密斯先生在《中国文字的特征》中非常明确地按照现代汉语的方式做了解释，即"缺乏准确性"。无论何时何地，这个词都不可能让艺术文明蓬勃发展。但是，如果使用"缺乏准确性"，我们猜想，也不完全符合现在中文的使用习惯。

（四）樊迟请学稼。子曰："吾不如老农。"请学为圃。曰："吾不如老圃。"樊迟出。子曰："小人哉，樊须也！上好礼，则民莫敢不敬；上好义，则民莫敢不服；上好信，则民莫敢不用情。夫如是，则四方之民襁负其子而至矣，焉用稼？"

辜译

　　孔子的学生樊迟向孔子请教如何种庄稼。孔子说:"论种地,我不如老农。"樊迟又请教如何种菜。孔子说:"论种菜,我不如老菜农。"樊迟离开后,孔子说:"樊迟成不了大事啊!如果一国之君提倡以礼待人,那么百姓绝不敢不敬畏;如果君王重视仁义,那么百姓绝不敢不服从;如果君王诚信待人,那么百姓绝不敢不用真心来对待你。如果能做到这些,四面八方的百姓就会背着孩子前来投奔,哪里用得着君王亲自去种庄稼呢?"

辜解

　　我认为,宋代学者们普遍偏重于实践而不知道把道理讲明白,所以陆九渊当时也有这样的说法。今天的学者们,不但不知道讲明道理,而且不知道士人应该做什么,他们不担心国家没有学术、没有人才、没有好的风俗,而只担心国家没有实业,以至于那些博学之人也纷纷将毕生精力倾注于兴办实业上。如果只重实业,还算得上是读书人吗?想当初,孔子弟子樊迟想向孔子学种地,孔子说:"种地我不如农民。"樊迟又想学习种菜,孔子说:"种菜我不如菜农。"樊迟退出后,孔子说:"樊须成不了大事啊!"

（五）子曰："诵《诗》三百，授之以政，不达；使于四方，不能专对；虽多，亦奚以为？"

辜译

孔子说："有的人可以把《诗》三百背得滚瓜烂熟，但是让他处理国家政务却一事无成，让他当外交使节却不能独立交涉。那么，背诵那么多诗又有什么用呢？"

（六）子曰："其身正，不令而行；其身不正，虽令不从。"

辜译

孔子说："如果君主的个人行为能做到恰如其分，即使他没有发布命令，别人也会愿意服从；如果君王的个人行为不合乎礼仪道德，就算发出命令，别人也不会服从。"

（七）子曰："鲁卫之政，兄弟也。"

辜译

孔子评价鲁国和另一个国家卫国的政府状态时说："鲁和卫两国的政事，就如同兄弟之间的政事一样。"

（八）子谓卫公子荆："善居室。始有，曰：'苟合矣。'少有，曰：'苟完矣。'富有，曰：'苟美矣。'"

辜译

孔子评价卫国一位善于理财的公众人物公子荆时说："当他起初有点儿钱的时候，他会说：'我只是收支平衡而已。'当钱稍微多一些的时候，他会说：'我只是差不多物质完备了。'当积累了更多钱的时候，他会说：'现在我只是过得比较好罢了。'"

（九）子适卫，冉有仆。子曰："庶矣哉！"冉有曰："既庶矣，又何加焉？"曰："富之。"曰："既富矣，又何加焉？"曰："教之。"

辜译

孔子周游列国时去卫国，他的学生冉有驾车，孔子说："这里的人真多啊！"冉有说："既然有这么多人了，还应该再做些什么呢？"孔子说："让他们富起来。"冉有问："富裕之后再做什么呢？"孔子说："让他们接受教育。"

辜解

我在朝鲜访问时，曾参观过他们的学校。当时我突然想起孔子和他的弟子之间的一段对话来。孔子和弟子们周游列国，来到一个人口众多的城市，他的学生冉有问道："这里人口众多，老师您认为应该首先解决什么问题呢？"肯定有人会以为孔子的回答是兴办教育，但实际上孔子的回答却是先让人们富裕起来。冉有接着问："富起来之后又该做什么呢？"孔子说，接下来才应该兴办教育。所以，在孔子看来，必须首先让老百姓衣食无忧，才能对他们进行教育，正如古语所云："仓廪实而知礼节，衣食足而知荣辱。"

（十）子曰："苟有用我者，期月而已可也，三年有成。"

辜译

有一次，孔子说："如果有人现在让我去管理一个国家的政务，一年内我会做出一些政绩来，三年之后就一定会卓有成效。"

（十一）子曰："'善人为邦百年，亦可以胜残去杀矣。'诚哉是言也！"

辜译

孔子说："让诚实高尚的人治理国家一百年时间，就可以消除暴力，废除酷刑和杀戮了。这话说得真对啊！"

（十二）子曰："如有王者，必世而后仁。"

辜译

孔子说："如果真有王者出现，至少也需要三十年的时间才能够实现仁政。"

（十三）子曰："苟正其身矣，于从政乎何有？不能正其身，如正人何？"

辜译

孔子说："如果端正了自己的行为，那么管理国家政事还有什么困难呢？如果不能端正自己的行为，又怎么能让别人端正行为呢？"

（十四）冉子退朝。子曰："何晏也？"对曰："有政。"子曰："其事也，如有政，虽不吾以，吾其与闻之。"

辜译

有一次，孔子一位在朝做官的学生冉有从朝廷回来，孔子说："怎么回来这么晚？"冉有回答："刚才在处理政事。"孔子说："只是一般的事务吧？如果是国家大事，虽然我现在没做官，也会有人来征询我的意见的。"

（十五）定公问："一言而可以兴邦，有诸？"孔子对曰："言不可以若是，其几也。人之言曰：'为君难，为臣不易。'如知为君之难也，不几乎一言而兴邦乎？"曰："一言而丧邦，有诸？"孔子对曰："言不可以若是，其几也。人之言曰：'予无乐乎为君，唯其言而莫予违也。'如其善而莫之违也，不亦善乎？如不善而莫之违也，不几乎一言而丧邦乎？"

辜译

鲁国国君鲁定公问："一句话就可以使国家繁荣昌盛，有这样的话吗？"孔子回答："不可能有这样的话，但有近似于这样的话。有人说：'做一个国君很难，做一个大臣也不易。'如果知道当一个国君很难，这不就几乎等于一句话使一个国家繁荣昌盛吗？"鲁定公又问："一句话让一个国家灭亡，有这样的话吗？"孔子回答："不可能有这样的话，但有近似于这样的话。有人说：'我做国君没有什么值得高兴的，唯一能让我感到高兴的就是我说的话没人敢违抗。'如果说的话合乎情理而没有人反对，不也挺好吗？如果说的话不正确而没有人反对，那不就几乎等于一句话毁掉了一个国家吗？"

辜解

鲁定公问孔子，有没有某一句话就可以使国家灭亡，孔子给他举了"予无乐乎为君，唯其言而莫予违也"这句话。意思是说，'我做君主并没有什么可高兴的，我所高兴的只在于我所说的话没有人敢于违抗'，类似专断独行的话就会使国家走向灭亡了。因此，那种"Voluntas regis, suprema lex"（"君王意志高于一切"）的话，孔子是肯定不会赞成的。

（十六）叶公问政。子曰："近者说，远者来。"

辜译

一个小诸侯国的国君叶公问孔子如何管理国家政事。孔子说："让境内的人快乐，让境外的人归附。"

（十七）子夏为莒父宰，问政，子曰："无欲速，无见小利。欲速则不达，见小利则大事不成。"

辜译

孔子的学生子夏做莒父的总管，向孔子请教如何处理政事。孔子说："办事不要匆忙，不要贪图蝇头小利。追求速度反而达不到目的。如果贪图蝇头小利，就永远办不成大事。"

（十八）叶公语孔子曰："吾党有直躬者，其父攘羊，而子证之。"孔子曰："吾党之直者异于是：父为子隐，子为父隐，直在其中矣。"

辜译

一个小诸侯国的国君叶公对孔子说："在我的家乡，有个特别正直的人，他的父亲偷了人家一只羊，他把父亲举报了。"孔子说："在我的家乡，正直之人和你所说的正直之人不一样。儿子做错事情，父亲为儿子隐瞒；父亲做错事情，儿子为父亲隐瞒，正直就在这其中体现出来了。"

（十九）樊迟问仁。子曰："居处恭，执事敬，与人忠。虽之夷狄，不可弃也。"

辜译

孔子的学生樊迟问孔子怎样做才能称为仁。孔子说："平日在家恭恭敬敬，做事认真负责，待人衷心诚意。这几种品德，就算身处他国，也是不可舍弃的。"

（二十）子贡问曰："何如斯可谓之士矣？"子曰："行己有耻，使于四方，不辱君命，可谓士矣。"曰："敢问其次。"曰："宗族称孝焉，乡党称弟焉。"曰："敢问其次。"曰："言必信，行必果，硁硁然小人哉！抑亦可以为次矣。"曰："今之从政者何如？"子曰："噫！斗筲之人，何足算也？"

辜译

孔子的学生子贡问："要怎样做，才能称为士呢？"孔子说："自己做事情的时候要懂得廉耻。当受命出使其他国家的时候，能不辱使命。这样的人就可以称为士。"子贡问："次一等的呢？"孔子说："宗族中的人称赞他孝顺父母，乡民们称赞他敬重兄长。"子贡继续问："那么再次一等的人呢？"孔子说："说到做到，言而有信，并且能对所承担的事情持之以恒。不问对错固执己见，那只能是小人，但也可以称为再次一等的士。"子贡说："您如何看待现在的执政者呢？"孔子说："哎！这些器量狭小的官僚，哪里算得上是士啊！"

（二十一）子曰："不得中行而与之，必也狂狷乎！狂者进取，狷者有所不为也。"

辜译

孔子说："如果我找不到奉行中庸之道的人同他交往，就只能选择同狂人、固执己见的人交往了。狂人积极热情，狷介的人做事情也是有分寸而不会逾越界限的。"

辜解

中国北洋军统帅铁良和英国的兰斯东勋爵，都是很固执、很刻板的武人，但他们也都有强烈的廉耻感和责任感，也很有傲气。这样的人，在社会剧变和国家动荡时期，能够抵抗和防止急剧的社会堕落和道德败坏，以及社会文明的彻底崩溃。就这一点来说，是很难能可贵的。就像当下的中国社会，就很需要那些品德高贵的男人和女人，他们具有强烈的激情，他们热情奔放，可以发狂，像中国的端王和义和团拳民,或者英国那些主张妇女参政、并与警察搏斗的女人一样。正如我的一个苏格兰朋友最近来信说:"她们主要不是为自己着想,而是为了她们那些更贫苦和不堪折磨的姐妹们。"这也就是孔子所说的:"不得中行而与之,必也狂狷乎!狂者进取,狷者有所不为也。"

(二十二)子曰:"南人有言曰:'人而无恒,不可以作巫医。'善夫!""不恒其德,或承之羞。"子曰:"不占而已矣。"

辜译

孔子说:"南方有句谚语:'做事没有毅力的人当不了医生或巫医。'这句话非常正确!另外有句话说:'人不能永远保留自己的美德,遭到羞辱是不可避免的。'"说到这里,孔子说:"最好不要为了所谓的美德而没有意义地坚持信誉。"

(二十三)子曰:"君子和而不同,小人同而不和。"

辜译

孔子说:"君子常用自己正确的见解来纠正别人的偏见,讲求和谐而不盲从附和,小人只求完全一致,而不讲求和谐。"

（二十四）子贡问曰："乡人皆好之，何如？"子曰："未可也。""乡人皆恶之，何如？"子曰："未可也。不如乡人之善者好之，其不善者恶之。"

辜译

孔子的学生子贡问孔子："您怎么看待一个受到全乡人民热爱和称赞的人呢？"孔子说："他不一定是个好人。"子贡问："那么您如何评价一个受到全乡人民厌恶和憎恨的人呢？"孔子回答："他也不一定是个好人。真正德高望重的人在当地的好人中会大受欢迎，而在坏人中却受到厌弃。"

（二十五）子曰："君子易事而难说也。说之不以道，不说也；及其使人也，器之。小人难事而易说也。说之虽不以道，说也；及其使人也，求备焉。"

辜译

孔子说："为君子工作容易，但难以阿谀奉承讨他喜欢。用不正当的方式奉承他，他不会感到高兴。但是在他用人的时候，总是考虑他人的才能。为小人工作很难，但是取得他的欢心则很容易。

用不正当的方式奉承他，他也会感到很高兴。但是他在用人的时候，却总是求全责备。"

（二十六）子曰："君子泰而不骄，小人骄而不泰。"

辜译

孔子说："君子高贵坦然而不傲慢无礼，小人傲慢无礼而不高贵坦然。"

（二十七）子曰："刚、毅、木、讷，近仁。"

辜译

孔子说："一个人如果具有坚强、果敢、淳朴、谨言这四种美德，就几乎称得上是道德高尚的人了。"

（二十八）子路问曰："何如斯可谓之士矣？"子曰："切切偲偲，怡怡如也，可谓士矣。朋友切切偲偲，兄弟怡怡。"

辜译

孔子的学生子路问孔子:"一个人要怎样做,才能被称为士呢?"孔子说:"心存怜悯,待人诚恳而亲切,就可以称为士。对待朋友和谐而亲切,并且与家人和睦相处。"

(二十九)子曰:"善人教民七年,亦可以即戎矣。"

辜译

孔子说:"高尚而诚实的人在教育百姓七年之后,就可以带领他们去打仗了。"

(三十)子曰:"以不教民战,是谓弃之。"

辜译

孔子说:"如果让没有事先经过训练的百姓去打仗,这是置其性命于不顾。"

宪问第十四

（一）宪问耻。子曰："邦有道，谷；邦无道，谷，耻也。"

辜译

孔子的学生原宪问孔子什么是可耻。孔子说："如果国家政府司法公正严明，政局稳定有序，只想着当官拿俸禄就是可耻的。如果国家政府司法混乱，政局动荡不安，也只想着当官拿俸禄，同样是可耻的。"

（二）"克、伐、怨、欲不行焉，可以为仁矣？"子曰："可以为难矣，仁则吾不知也。"

辜译

原宪接着问："好胜、自矜、怨恨以及贪欲之心都没有的人，能够被称为仁人了吧？"孔子说："这可以说是非常难得的，但这样能否称为仁，我就不清楚了。"

（三）子曰："士而怀居，不足以为士矣。"

辜译

孔子说："只留恋家庭安逸生活的人，不能算是真正的士。"

（四）子曰："邦有道，危言危行；邦无道，危行言孙。"

辜译

孔子说："当国家政治公正严明，政局井然有序时，老百姓在言辞和行动上要正直。当国家政府司法不公，政局混乱不堪时，老百姓在行动上还是要正直，但是说话要随和谨慎。"

（五）子曰："**有德者必有言，有言者不必有德。仁者必有勇，勇者不必有仁。**"

辜译

孔子说："有道德的人，他讲的话总是值得听；但是，有名言的人，未必是有道德的人。有道德的人总是勇气十足，但勇气十足的人却不一定是有道德的人。"

（六）南宫适问于孔子曰："羿善射，奡荡舟，俱不得其死然；禹、稷躬稼而有天下。"夫子不答。南宫适出。子曰："君子哉若人！尚德哉若人！"

辜译

有一次，孔子的学生南宫适问孔子："从前，羿擅长射箭，奡以力大无穷、擅长水战而闻名，但这两个人最后都不得好死。禹和稷在田间辛勤耕耘，最后他们却得到了天下。"孔子没有回答。南宫适出去后，孔子说："他确实是个君子啊！他是真正尊重道德的人。"

（七）子曰："君子而不仁者有矣夫，未有小人而仁者也。"

辜译

孔子说："有的君子是不仁德的，但是小人中绝对没有仁德之人。"

（八）子曰："爱之，能勿劳乎？忠焉，能勿诲乎？"

辜译

孔子说:"如果有影响力,发挥作用就很容易;如果公正无私,教诲就不会被忽视。"

(九)子曰:"为命,裨谌草创之,世叔讨论之,行人子羽修饰之,东里子产润色之。"

辜译

孔子在谈及郑国政府公文的最大优点时说:"郑国发表的政府公文,都是由裨谌首先拟出草稿,世叔提出讨论意见,外交官子羽做出必要的修改,由子产做最后的润色和定稿。"

(十)或问子产。子曰:"惠人也。"问子西。曰:"彼哉!彼哉!"问管仲。曰:"人也。夺伯氏骈邑三百,饭疏食,没齿无怨言。"

辜译

有一次,有人问著名政治家子产(相当于那个时期的柯尔贝尔)是一个怎样的人。孔子回答:"他是个慷慨大方的人。"

这个人又问另一位臭名昭著的政治家子西（即公孙夏，郑国贵族）是个什么样的人。孔子说："那个人呀！那个人呀！为什么要提他呢？"

这个人又问管仲（相当于当时的俾斯麦）的为人。孔子说："他是一个能人。尽管他没收了齐国大夫、罪臣伯偃在骈邑的土地，但还是一直供给他粗粮，所以伯偃直到去世也没有一句怨言。"

（十一）子曰："贫而无怨难，富而无骄易。"

辜译

孔子说："虽然穷困却没有丝毫怨言，是很难做到的；虽然富裕却不傲慢，是很容易做到的。"

（十二）子曰："孟公绰为赵、魏老则优，不可以为滕、薛大夫。"

辜译

孔子评价当时一位公众人物孟公绰时说："孟公绰做晋国赵氏、魏氏的家臣，能力绰绰有余，但是他不能做滕、薛这样小国的大夫。"

（十三）子路问成人。子曰："若臧武仲之知，公绰之不欲，卞庄子之勇，冉求之艺，文之以礼乐，亦可以为成人矣。"曰："今之成人者何必然？见利思义，见危授命，久要不忘平生之言，亦可以为成人矣。"

辜译

孔子的学生子路问孔子，怎样才算是完美的人。孔子提到当时几位知名人士，说："一个完美的人，要具有臧武仲的智慧，孟公绰的无私，卞庄子的勇敢，冉求的多才多艺。除了这些品质，如果再学习礼乐知识，进行自我提升，那么就可以称为一个完美的人。"

"但是，"孔子继续说，"在当今社会，甚至没必要具备所有的品质，也可以称为一个完美的人。当看到个人利益就考虑义的要求，当出现个人安危就随时准备牺牲自我，长期处于艰难困苦之中仍不忘记平日的誓言，这样的人也可以称为完美的人。"

（十四）子问公叔文子于公明贾曰："信乎，夫子不言，不笑，不取乎？"公明贾对曰："以告者过也。夫子时然后言，人不厌其言；乐然后笑，人不厌其笑；义然后取，人不厌其取。"子曰："其然？岂其然乎？"

辜译

有一次，孔子向公叔文子的学生公明贾问他老师的情况，说："听说你的老师很少说话，也很少笑，从不接受别人的任何东西，是真的吗？"

"这是传话的那个人说错了，"公明贾回答，"我的老师该说话的时候才说话，因此不管他说什么，大家都会注意听。他确实高兴的时候就会笑，因此他笑的时候，大家绝不会不耐烦。当他有权接受礼物的时候，他便接受，因此当他接受任何东西的时候，大家绝不会讨厌他。"

孔子说："原来是这样啊！他确实是这样吗？"

（十五）子曰："臧武仲以防求为后于鲁，虽曰不要君，吾不信也。"

辜译

孔子提到鲁国一位有权势的贵族臧武仲时说："臧武仲凭借防邑这个军事重镇，要求国君为自己家的领地指派继承人。尽管有人说他不是要挟君主，但我根本不相信。"

（十六）子曰："晋文公谲而不正，齐桓公正而不谲。"

辜译

谈到当时最有名的两位国君晋文公和齐桓公的性格特征，孔子说："晋文公（相当于当时的弗雷德里克大帝）狡诈而缺乏诚信，行事不正；齐桓公诚信而无任何狡诈（相当于德国的威廉一世），不要手段。"

（十七）子路曰："桓公杀公子纠，召忽死之，管仲不死。"曰："未仁乎？"子曰："桓公九合诸侯，不以兵车，管仲之力也。如其仁，如其仁。"

辜译

孔子的学生子路谈到著名政治家管仲（相当于当时的俾斯麦）时说："管仲和召忽同为国君大儿子公子纠的老师，齐桓公为获得王位，杀害了公子纠，召忽以死殉职，而管仲却没有选择自杀。这样看来，管仲算不上是有道德的人吧？"

孔子回答："齐桓公多次召集王侯大会，没有使用武力，避免了战争。这都是管仲的力量啊。像他这样的人，怎么能说没有道德品质呢？"

（十八）子贡曰："管仲非仁者与？桓公杀公子纠，不能死，又相之。"子曰："管仲相桓公，霸诸侯，一匡天下，民到于今受其赐。微管仲，吾其被发左衽矣。岂若匹夫匹妇之为谅也，自经于沟渎而莫之知也。"

辜译

另一位学生子贡说："管仲不能算是有道德的人吧？桓公杀了他的学生公子纠，他没有随公子纠一起去死，反而做了齐桓公的宰相。"孔子回答："管仲协助齐桓公治理国家，称霸诸侯，使天下统一，至今百姓依然享受着管仲的丰功伟业所带来的好处。如果没有管仲，恐怕我们现在已沦为披头散发、衣襟左开的野蛮民族了。难道要他像普通百姓那样对爱人忠贞不渝，为守小节而跑到水沟里自杀，却不被人知道吗？"

辜解

孔子谈起春秋早期著名的政治家管仲时说道："微管仲，吾其披发左衽矣。"所谓"披发左衽"，就是指成了野蛮人。同样，我们也可以说，如果没有英国比肯斯菲尔德勋爵和德国首相俾斯麦的政治才能，欧洲人民现在也要堕入无政府和野蛮状态了。

相反，约瑟夫·张伯伦先生的帝国主义，其结果则是要使盎格鲁·撒克逊民族能有更多的牛肉吃,能住得更加舒适,能狂妄自大、趾高气扬地去欺辱全世界。它所带来的是在南非的布尔战争,是英格兰鼓吹女人参政的妇女,是印度投掷炸弹的无政府主义学生和每年预算六千万英镑的赤字。由此可见,我们中国人"有治人无治法"的说法,是千真万确的。

(十九)公叔文子之臣大夫僎与文子同升诸公。子闻之,曰:"可以为'文'矣。"

辜译

有个诸侯国的贵族公叔文子(他死后获得了"文"的谥号)在政府担任公职,任命了一个从前在他家当家臣的人当官。孔子评价这件事情说:"像文子这样的人,当然无愧于'文'的谥号。"

(二十)子言卫灵公之无道也,康子曰:"夫如是,奚而不丧?"孔子曰:"仲叔圉治宾客,祝鮀治宗庙,王孙贾治军旅,夫如是,奚其丧?"

辜译

有一次,孔子评论卫灵公生活奢靡,季康子说:"既然他是这样的人，又怎么会不失去王位呢？"孔子问答："因为他有仲叔圉接待宾客，祝鲩负责宗庙祭祀，王孙贾统领军队。有这样一群伟大而能干的人管理国家各部门的工作，他怎么会失去王位和国家呢？"

（二十一）子曰："其言之不怍，则为之也难。"

辜译

孔子说："如果一个人说话恬不知耻，那么实现他说的话就非常困难了。"

（二十二）陈成子弑简公。孔子沐浴而朝，告于哀公曰："陈恒弑其君，请讨之。"公曰："告夫三子。"孔子曰："以吾从大夫之后，不敢不告也。君曰'告夫三子'者！"之三子告，不可。孔子曰："以吾从大夫之后，不敢不告也。"

辜译

有一次，孔子听说邻国的宰相陈成子杀死了君主齐简公，便沐浴更衣，准备上朝。见到鲁哀公后，孔子报告说："陈成子杀害了自己的君主，请立即出兵讨伐他。"但是哀公回答说："你去告知那三位大夫（季孙、孟孙、叔孙）吧。"

孔子退出来后,边走边说:"因为我曾经担任过大夫,所以不敢不前来报告,而君主却说'去告知那三位大夫吧'!"于是孔子前去向三位掌权的大夫报告,但是三位大夫不同意出兵讨伐。孔子又说:"因为我曾经担任过大夫,我只是履行自己的职责,把这件事报告给你们!"

(二十三)子路问事君。子曰:"勿欺也,而犯之。"

辜译

孔子的学生子路问应该如何侍奉自己的君主。孔子说:"不能欺瞒他,但是可以直言劝谏。"

(二十四)子曰:"君子上达,小人下达。"

辜译

孔子说:"君子志存高远,小人只看眼前。"

（二十五）子曰："古之学者为己，今之学者为人。"

辜译

孔子说："古代的人学习是为了提高自己，现在的人学习是为了给别人看。"

辜解

世间所有的事，如果不带任何目的地去做，就会很虔诚；而一旦抱有一定的目的，就会很不虔诚，甚至弄虚作假。如果求学而不虔诚，哪里能获得真正的学问呢？这就是荀子学说不够纯粹的原因。

当年张之洞出资派遣湖北学生出国留学时，临别鼓励他们说："你们到西洋以后，要努力学习，将来学成归国，为国家效力，戴红顶、做大官，这都是胜券在握的事。"这与《荀子·儒效篇》中劝勉学生的话有什么区别呢？我认为，张之洞的这种思想即源出于荀子，他们都只注重学问的外在表现，没有脱离功利主义的观念。孔子曾说："古之学者为己，今之学者为人。"明白了这个道理，才可以开始谈论学问。

（二十六）蘧伯玉使人于孔子，孔子与之坐而问焉，曰："夫子何为？"对曰："夫子欲寡其过而未能也。"使者出，子曰："使乎！使乎！"

辜译

卫国大夫蘧伯玉是孔子的老朋友，他派信使去问候孔子。孔子让信使坐在他旁边，然后问："先生最近在做什么？"信使回答："先生一直在努力减少自身的错误，但是未能做到。"

信使离开后，孔子说："多好的信使呀！多好的信使呀！"

（二十七）子曰："不在其位，不谋其政。"

辜译

孔子说："不在国家的政府当官，就不应当对政策提出意见。"

（二十八）曾子曰："君子思不出其位。"

辜译

孔子的学生曾参说："君子考虑问题，从来不超出自己的职务范围。"

(二十九)子曰:"君子耻其言而过其行。"

辜译

孔子说:"君子认为说得多而做得少是可耻的。"

(三十)子曰:"君子道者三,我无能焉:仁者不忧,知者不惑,勇者不惧。"子贡曰:"夫子自道也。"

辜译

有一次,孔子说:"君子之道有三个方面,但是这三方面我都未能做到:仁德之人无忧无虑;聪明之人不疑惑重重;英勇之人无所畏惧。"子贡听到孔子的话后说:"这正是老师在表述自己啊!"

(三十一)子贡方人。子曰:"赐也贤乎哉?夫我则不暇。"

辜译

孔子的学生子贡喜欢评论别人的缺点。孔子对他说:"赐啊,你自己就那么贤能吗?我可没时间对别人评头论足。"

（三十二）子曰："不患人之不己知，患其不能也。"

辜译

孔子说："不用担心别人不了解自己，只担心自己没有能力。"

（三十三）子曰："不逆诈，不亿不信，抑亦先觉者，是贤乎！"

辜译

孔子说："不事先怀疑别人的欺诈，也不无凭无据猜测别人的不诚实，（别人一旦有诈）却能及早发觉，这样的人就是贤人！"

（三十四）微生亩谓孔子曰："丘何为是栖栖者与？无乃为佞乎？"孔子曰："非敢为佞也，疾固也。"

辜译

有一次，一个很现实的人微生亩对孔子说："你为什么这样四处游说呢？你不就是想展现你的能言善辩吗？"孔子说："我并不想做能言善辩的人，我只是痛恨那些冥顽不灵的人。"

（三十五）子曰："骥不称其力，称其德也。"

辜译

孔子说："千里马值得称赞的不是它的力气，而是它的优秀品德。"

（三十六）或曰："以德报怨，何如？"子曰："何以报德？以直报怨，以德报德。"

辜译

有一次，有人问孔子："用恩德来报答怨恨，您怎么看？"孔子回答："用什么来报答恩德呢？应该用正直来回报怨恨，用恩德来回报恩德。"

（三十七）子曰："莫我知也夫！"子贡曰："何为其莫知子也？"子曰："不怨天，不尤人，下学而上达，知我者其天乎！"

辜译

有一次，孔子说："没有人了解我呀！"于是子贡问："怎么说没有人了解您呢？"孔子回答："我不怨恨上天，也不抱怨别人。通过学习平常的知识，理解其中的哲理，但是我的思想穿越了顶点。哦！或许只有上天能理解我！"

（三十八）公伯寮愬子路于季孙。子服景伯以告，曰："夫子固有惑志于公伯寮，吾力犹能肆诸市朝。"子曰："道之将行也与，命也；道之将废也与，命也。公伯寮其如命何！"

辜译

有一次，公伯寮在贵族季孙氏面前诽谤孔子的学生子路。子服景伯把这件事告诉了子路。随后，子路又把这事告诉了孔子，说："季孙氏被公伯寮迷惑了，但是我有足够的力气杀死公伯寮，并让他曝尸街头。"孔子听了说："大道如果能够实行，这是天命；大道如果将被废止，这也是天命。公伯寮又能拿天命怎样呢？"

（三十九）子曰："贤者辟世，其次辟地，其次辟色，其次辟言。"

辜译

有一次，孔子说："现在真正有道德价值观的人躲避动荡从社会隐退了；道德价值观稍差一点的人也离开了某些诸侯国；道德价值观再差一点的人感觉别人脸色不好也隐退了；道德价值观最低的人一旦听到不堪入耳的言辞也隐退了。"

（四十）子曰："作者七人矣。"

辜译

孔子又说："我知道有七个人（伯夷、叔齐、虞仲、夷逸、朱张、柳下惠、少连）已经在著书立说了。"

（四十一）子路宿于石门。晨门曰："奚自？"子路曰："自孔氏。"曰："是知其不可而为之者与？"

辜译

孔子的学生子路曾在石门过夜。守门人看见后问："你从哪儿来的？"子路说："我从孔子那儿来。"守门人说："噢！就是那个明知无法做到却还执意去做的人吗？"

辜解

在孔子生活的那个时代，真正有价值观的人全部从社会隐退；

为了过上平静的生活，这些人会从事卑微的工作，例如这里的守门人。在欧洲，世界闻名的哲学家斯宾诺莎就做的是研磨玻璃的工作。

（四十二）子击磬于卫，有荷蒉而过孔氏之门者，曰："有心哉，击磬乎！"既而曰："鄙哉！硁硁乎！莫己知也，斯己而已矣。深则厉，浅则揭。"子曰："果哉！末之难矣。"

辜译

有一次，正当孔子在卫国击磬的时候，有人扛着筐子从门前经过，说："啊，这个击磬的人真是心事满怀呀！"过了一会儿，那个人又说："发出硁硁的声响，真让人看不起！没有人了解你，一切事在于自己。俗话说：水深就穿着衣服趟过去，水浅就撩起衣服走过去。"

孔子说："说得真干脆，我没有什么可以问他的了。"

（四十三）子张曰："《书》云：'高宗谅阴，三年不言。'何谓也？"子曰："何必高宗？古之人皆然。君薨，百官总己以听于冢宰三年。"

辜译

孔子的学生子张说："《尚书》中记载，古代殷高宗在帝国服丧期间，三年不谈论政事，这是什么意思？"孔子回答："这不仅仅是高宗时特有的事情，古代所有人都遵守这一礼法。国君死后，继任的君王三年之内不问政治，朝廷百官各尽其职，听候宰相的命令。"

（四十四）子曰："上好礼，则民易使也。"

辜译

孔子说："如果在上位的人喜好礼，那么百姓就会服从管理。"

（四十五）子路问君子。子曰："修己以敬。"曰："如斯而已乎？"曰："修己以安人。"曰："如斯而已乎？"曰："修己以安百姓。修己以安百姓，尧舜其犹病诸？"

辜译

孔子的学生子路问怎样做才算是君子。孔子回答："君子谈吐优雅，举止得体。""这样就够了吗？"子路问。孔子回答："是的，他希望提高自己的礼法修养，并让其他人高兴。""这样就够了吗？"子路又问。孔子回答："是的。他希望提高自己的礼法修养，让周围的人高兴，而且以他的言谈举止作为标准的判断。那么，即使是尧、舜这么伟大的帝王，也会自叹不如。"

辜解

在反对现代欧洲文明势力的过程中，中国文明本身所发挥的力量极其之少。而我作为一个中国人，也直到今天才意识到，自己立身行事一无所成。究其原因，可能正是因为我不懂得这种能让人在生活中获得成功的方法，即孔子所说的"修己以敬"（order one's conversation aright），也就是集中精力过"笃恭"的生活。

（四十六）原壤夷俟。子曰："幼而不孙弟，长而无述焉，老而不死，是为贼。"以杖叩其胫。

辜译

有个毫无价值观的人原壤，孔子非常熟悉，有一次他叉开双腿坐着，孔子从旁边经过，他也没有站起来。孔子就骂他说："你年轻的时候对父母兄长不讲孝悌，长大后也没做出什么成就，现在老了也没什么光彩事。像你这样的人，简直是个害人精！"说着，孔子举起手杖敲他的小腿。

（四十七）阙党童子将命，或问之曰："益者与？"子曰："吾其居于位也，见其与先生并行也。非求益者也，欲速成者也。"

辜译

孔子在家里雇佣了某地的一个童子，负责传话及引导宾客。有人问孔子："他在学问上很有进步吧？"孔子说："不。我看到他坐在只有成年人才能坐的地方，又看到他同年长的人肩并肩走在一起。他不是积极好学的人，只是个急于求成的人。"

卫灵公第十五

（一）卫灵公问陈于孔子。孔子对曰："俎豆之事，则尝闻之矣；军旅之事，未之学也。"明日遂行。在陈绝粮，从者病，莫能兴。子路愠见曰："君子亦有穷乎？"子曰："君子固穷，小人穷斯滥矣。"

辜译

孔子周游到卫国，卫国国君卫灵公向他请教军队列阵之法。孔子回答说："祭祀礼仪方面的事情，我还听过一些，但是派兵打仗的事情我从来没有研究过。"第二天，孔子就离开了卫国。

孔子继续自己的旅程，来到另一个国家陈国时，他们的粮食已经吃光了，不得不忍饥挨饿，人也越来越少，不能继续前行。他的学生子路闷闷不乐，对孔子说："君子也有穷到走投无路的地步吗？"

孔子说:"君子有时候也会陷入困境,但仍旧会坚持操守;而小人遇到逆境,就会变得莽撞而无所不为。"

(二)子曰:"赐也,女以予为多学而识之者与?"对曰:"然,非与?"曰:"非也。予一以贯之。"

辜译

孔子对学生子贡说:"赐啊!你以为我是学了很多东西,又能把所有东西牢记在心吗?"学生子贡回答道:"是啊,难道不是这样吗?"

孔子回答:"不是的,我只是有一个基本的原则来把所有的知识联系起来。"

(三)子曰:"由!知德者鲜矣。"

辜译

有一次,孔子对学生子路说:"由啊!现在几乎没有人能理解真正的道德观啦!"

（四）子曰："无为而治者其舜也与？夫何为哉？恭己正南面而已矣。"

辜译

孔子说："能够成功实施无为而治的人，也就只有帝舜了吧？他都做了些什么？他只是端正地坐在朝廷的王位上而已。"

辜解

美国人爱默生在谈到他访问英国和卡莱尔一起参观英国的巨石纪念碑时说："我的朋友们问我，是不是存在这样一些美国人——拥有一种美国思想的美国人？这句话极富挑战性。于是我谈起了无政府主义和不抵抗主义。我说：'真的，我从未见过哪个国家有人为了这一真理而勇敢地站起来捍卫的。然而我很清楚，再没有比这种勇敢更值得我崇敬的。我很容易就能看到那可鄙的洋枪崇拜的破产，尽管有些大人物也是洋枪的崇拜者。而且当然，因为上帝永存，这枪不需要另一支枪来协助，只需爱心和公正的法则，就可以实施一场干净的革新。'"

（五）子张问行。子曰："言忠信，行笃敬，虽蛮貊之邦，行矣。言不忠信，行不笃敬，虽州里，行乎哉？立则见其参于前也，在舆则见其倚于衡也，夫然后行。"子张书诸绅。

辜译

子张问如何做才能让自己与别人和谐相处，好到处都行得通。孔子说："言谈必须谨慎诚恳，做事必须严肃认真。这样即使在其他国家部族，也能和别人融洽相处。言谈不诚恳，做事不认真，就算是在自己的国家、自己的家中，也是行不通的。做任何事都能坚持这些原则（时时刻刻记着），就好比驾马车，眼睛要一直盯着马头。用这种方式，到哪里都能和别人融洽相处。"子张听后，把这几句话记在自己的腰带上。

（六）子曰："直哉史鱼！邦有道，如矢；邦无道，如矢。君子哉蘧伯玉！邦有道，则仕；邦无道，则可卷而怀之。"

辜译

谈到一位有名的史学家史鱼时，孔子说："史鱼真是坦率啊！当国家司法严明，社会秩序稳定，他的言行就像利箭一样直率；当国家司法不公，社会动荡，他的言行依然像利箭一样直率。"

谈到另一位公众人物蘧伯玉时，孔子说："蘧伯玉确实是一位君子啊！当国家司法严明，社会秩序稳定时，他出来做官；当国家司法不公，社会动荡时，他就辞职，将自己的才能掩埋起来。"

（七）子曰："可与言而不与之言，失人；不可与言而与之言，失言。知者不失人，亦不失言。"

辜译

孔子说："当遇到可以和他说话的人，却不和他说，这就失去了朋友。当遇到不可以和他说话的人，却和他说话，这就是浪费口舌。聪明的人既不失去朋友，也不会浪费口舌。"

（八）子曰："志士仁人，无求生以害仁，有杀身以成仁。"

辜译

孔子说："精神境界高的志士或者道德崇高的人，不会因贪生怕死而损害仁德，而宁愿牺牲生命来守护仁德。"

（九）子贡问为仁，子曰："工欲善其事，必先利其器。居是邦也，事其大夫之贤者，友其士之仁者。"

辜译

孔子的学生子贡问如何才能实行仁德。孔子说："工匠想要把工作做好，首先要把他的工具磨锋利。居住在这个国家，应该敬奉大臣当中的贤人志士，和士人中品德高尚的人交朋友。"

（十）颜渊问为邦。子曰："行夏之时，乘殷之辂，服周之冕，乐则《韶》《舞》。放郑声，远佞人。郑声淫，佞人殆。"

辜译

孔子的学生颜渊问应采取什么方式治理国家。孔子说："可以使用夏朝的历法，沿用殷朝的马车制度，穿戴周朝的服饰礼帽，奏《韶》乐。摒弃郑国的乐曲，远离夸夸其谈的小人，因为郑国的乐曲恣肆靡纵，夸夸其谈的小人无比危险。"

（十一）子曰："人无远虑，必有近忧。"

辜译

孔子说："一个人如果对未来毫无计划，一定会有眼前的忧虑。"

（十二）子曰："已矣乎！吾未见好德如好色者也。"

辜译

有一次，孔子说："唉！我还从来没有看到像喜欢美色那样喜欢道德的人。"

（十三）子曰："臧文仲其窃位者与！知柳下惠之贤而不与立也。"

辜译

谈到当时一位公众人物臧文仲时，孔子说："臧文仲是一个窃取职位的人，尽管他知道朋友柳下惠才华出众，品德高尚，而当他大权在握的时候，却不提拔他的朋友一同做官，反而担心他和自己竞争。"

辜解

宋代学者陆九渊说："为学有讲明，有践履，《大学》'致知格物'；《中庸》'博学审问，慎思明辨'；《孟子》'始条理者，智之事'，此讲明也。《大学》'修身正心'；《中庸》'笃行之'；《孟子》'终条理者，圣之事'，此践履也。"物有本末，事有终始，知其先后，就接近真正的道了。修身必先正心，正心必先诚意，诚意必先致知，致知要先观察事物本身的道理。

根据《大学》，应该首先讲明道理。根据《中庸》，就会导致学习不知如何下手，有疑问得不到解答，读书无所收获，辩论难以判明，那又怎么去实践呢？还没有学会思辨，盲目地践行，就会像在黑夜中行走，找不到方向。根据《孟子》，事情没有无起因而有结果的，道理尚未讲清，就一味依靠蛮力来行动，就像射箭之人尚不懂得射箭的技巧，就强行依靠力量，认为自己能射到百步之外，而不管是否射中。所以，能否射到百步之外靠的是他的力量，但能否射中，就不是光靠力量就可以的了。

研究事理是否通透，取决于个人禀赋。而能否虔诚地践行，就像伊尹担任宰相，伯夷甘于清贫，柳下惠为人和善，这些都不是刻意勉强的，而是自然从容做到的。这样的人，就可以被称为圣人。

（十四）子曰："躬自厚而薄责于人，则远怨矣。"

辜译

孔子说："对自己要求严格而对别人宽厚，就可以避免别人的抱怨。"

（十五）子曰："不曰'如之何，如之何'者，吾未如之何也已矣。"

辜译

孔子说："碰到事情不说'怎么办，怎么办'的人，我也不知拿他怎么办才好。"

（十六）子曰："群居终日，言不及义，好行小慧，难矣哉！"

辜译

孔子说："同一群人整天聚在一起，谈的话却达不到义的标准，又喜欢卖弄小聪明，这样的人可真是难以教导！"

（十七）子曰："君子义以为质，礼以行之，孙以出之，信以成之。君子哉！"

辜译

孔子说："把合宜作为根本，用礼节对事情进行思维判断，用谦虚谨慎的语言加以表达，用真心实意的态度去完成，这就是君子。"

（十八）子曰："君子病无能焉，不病人之不己知也。"

辜译

孔子说："君子只怕自己没有能力，而不怕别人不知道自己。"

（十九）子曰："君子疾没世而名不称焉。"

辜译

孔子说："君子担心死后他的名字不能被人们称颂。"（这样会被认为白活了一生。）

（二十）子曰："君子求诸己，小人求诸人。"

辜译

孔子说："聪明人寻找自身的缺点，小人却挑剔他人的缺点。"

辜解

道光末年，徐继畬中丞《瀛环志略》一书问世以后，读者一片哗然，认为他过分夸大了外国，他因而遭到很多批评，并丢了官。自古以来，我们中国的士大夫都喜欢夜郎自大，他们讥笑外国本来不足为怪，只是如今那些羡慕欧洲国家的人，又为何前倨而后恭呢？孔子曰："古之矜也廉，今之矜也忿戾。"所谓"廉者"，并非是指其他，就是像孔子所说的那样，只知责求自己，而不会责求别人；只知道寻找自身的缺点，而不会挑剔他人的毛病罢了。

（二十一）子曰："君子矜而不争，群而不党。"

辜译

孔子说："君子庄重而不跟别人发生争斗，合群却不会结党营私。"

（二十二）子曰："君子不以言举人，不以人废言。"

辜译

孔子说："君子绝不会因为一个人说的话而举荐他，也不会因为一个人不好而全然摒弃他所讲的话。"

辜解

有个叫濮兰德的英国人，曾任上海工部局书记官，后来又到北京一家银行公司任代表。他最近写了一本书叫《江湖浪游》，其内容多琐碎之事，专门用一些嘲讽的话来揶揄我们中国人。书中有一篇《黼黻为厉》，大意是说：

五十年来，我们西洋各国为了和中国通商，耗费了许多兵饷，损失无数。我们的将士在战场上每战必胜，等到战胜之后谈判交涉之时，我们却总是一败涂地。这难道是因为中国官员的聪明才智胜过我们欧洲人吗？或者是因为中国官员的品德比我们欧洲人高尚？好像是，但又不是。若论才智，让那些中国官员给我们欧洲人看门或当家丁，恐怕他们都不能胜任；若论品行，他们更是差得太远。像这样无才无德的中国官员，为什么欧洲使节和他们一交锋就畏手畏脚，步步退让，无可奈何呢？我研究多年才找到答案：中国官员之所以让西方人恐惧发抖，没什么特别，只是因为他们官服上那些禽兽图案在作怪。所以我认为，以后我们西洋各国使节再和中国官员交涉时，不许他们佩戴朝珠、穿各种有怪兽图案的朝服，他们要改穿西服，和欧洲人一样戴高高的帽子。这样，他们朝服上的怪兽就不能作祟，那么我们西方人在谈判交涉中就不会失败。

按照濮兰德的意思，他藐视我们中国人已经非常严重了。但是孔子说过，君子不以人废言，虽然他所说中国朝服能使西方使节感到畏惧纯属戏言，但这话未尝不蕴含着大道理。孔子不是也说过"君子正其衣冠，尊其瞻视"吗？衣冠堂堂，确实会让人产生敬畏之感。而且依照人之常情，凡是看到奇异的东西，如果不知其奇异的缘由，就会产生猜忌，心生敬畏；而如果遇到平常事物，就会无所顾忌，甚至会有欺辱之心。所以现在很多人认为，当今救国急需要做的就是剪辫子、变衣装，但我认为，中国之存亡在于德行，而不在于辫子。辫子剪与不剪，本无多大关系，倒是将来那些外务部的大臣们剪了辫子、穿上窄袖短衣、戴上高帽以后，外国使节看到了，不知道是会心生敬畏，还是会心生欺辱之意呢？

（二十三）子贡问曰："有一言而可以终身行之者乎？"子曰："其恕乎！己所不欲，勿施于人。"

辜译

孔子的学生子贡问："有没有一个词可以使人终生受益呢？"

孔子回答:"那个词或许就是'宽恕'。对于自己都不想要的事物,也不要强加给别人什么。"

辜解

我的一个在海关做事的苏格兰朋友告诉我,他以前有一个中国仆人,这人是个地道的流氓,他撒谎、揩油,还经常赌博。但有一次,我的这位外国朋友在一个偏僻的港口患了伤寒,当时没有一个朋友来照料他,倒是他的那个中国仆人无微不至地照料他,而他以前从未从亲密朋友或近亲属那里感受过这种关爱。《圣经》在谈到一位妇女时说:"多一些宽恕,因为她们爱得那么深。"我想,"多一些宽恕"这句话不仅适用于那个中国仆人,而且适用于大多数中国人。

(二十四)子曰:"吾之于人也,谁毁谁誉?如有所誉者,其有所试矣。斯民也,三代之所以直道而行也。"

辜译

有一次孔子说:"当我判断人的时候,不会轻易贬低或褒奖别人。如果偶尔有言过其词的褒奖,那也是经过深思熟虑才做出的评价。对于当今的人来说,本来也没有什么能阻碍人们相互真诚交往的,就像淳朴的古人那样以诚待人。"

（二十五）子曰："吾犹及史之阙文也，有马者借人乘之，今亡矣夫。"

辜译

孔子年老的时候说："在我年轻的时候，还可以看到一些书为我们提供官修史书所缺漏的内容，比如有马的人自己不骑，而愿意先借马给朋友骑，现在这种精神已经荡然无存了。"

（二十六）子曰："巧言乱德。小不忍，则乱大谋。"

辜译

孔子说："花言巧语会使人的道德败坏。不能忍耐小事情，就会毁掉大事业。"

（二十七）子曰："众恶之，必察焉；众好之，必察焉。"

辜译

孔子说："如果一个人不受大家喜欢，就有必要弄清楚原因；如果一个人很受大家欢迎，也有必要弄清楚原因。"

（二十八）子曰："人能弘道，非道弘人。"

辜译

孔子说："人能够把其信仰或信奉的原则发扬光大，而不是所信仰或信奉的原则让人得到提升。"

辜解

孔子所说的君子之道，就像宗教一样，也是一种提炼过的、有良好次序的道德法律——一种比哲学家和道德家所宣称的道德法律具有更深刻、更高级标准的道德法律。哲学家和道德家的道德法律要求我们必须遵守他们所谓的生存法律，即哲学家所谓的"理性"、道德家所谓的"良心"。但是，孔子所主张的君子之道却告诉我们必须遵守我们真正的生存法律，它不是那些普通人的生存法律，也不是那些粗俗之人和不纯之人的生存法律，而是爱默生所说的"至简至纯的精神"的生存法律。

要了解什么是君子的生存法律，我们必须首先要自己成为一个君子，而且按照爱默生的话说，要拥有至简至纯的精神。君子之道正发源于此。也正因为这个原因，孔子说："人能弘道，非道弘人。"这句话的通俗解释就是：你是什么样的人，就会遵守什么样的道德；而不是因为你遵守什么样的道德，你就会是什么样的人。

（二十九）子曰："过而不改，是谓过矣。"

辜译

孔子说："知错不改，那错误就真的是错误了。"

（三十）子曰："吾尝终日不食，终夜不寝，以思，无益，不如学也。"

辜译

有一次孔子说："我曾经整天不吃，整宿不眠，满脑子思绪万千，结果却毫无益处。还不如通过学习来增长知识。"

（三十一）子曰："君子谋道不谋食。耕也，馁在其中矣；学也，禄在其中矣。君子忧道不忧贫。"

辜译

孔子说："君子谋求真理，而非谋求衣食。即使耕耘，有时也会饿肚子；勤奋学习，才能够拿到俸禄。君子只担心真理得不到践行，而不会担心贫穷。"

（三十二）子曰："知及之，仁不能守之，虽得之，必失之；知及之，仁能守之，不庄以莅之，则民不敬；知及之，仁能守之，庄以莅之，动之不以礼，未善也。"

辜译

孔子说："通过聪明才智获得认知，但是如果没有高尚的品德保持，就算得到，迟早也会失去。通过聪明才智获得认知，也具备高尚的品德来保持，但是如果不能用严肃的态度来统治百姓，百姓就会不敬。通过聪明才智获得认知，也具备高尚的品德来保持，还能用严肃的态度统治百姓，但是如果动员百姓时不合理合法，那也没有达到完美的境界。"

（三十三）子曰："君子不可小知而可大受也，小人不可大受而可小知也。"

辜译

孔子说："不能让君子去做细枝末节的事情，但可以让他们承担重大使命。不能让小人承担重大使命，但是可以让他们去做细枝末节的事情。"

辜解

丁未年（1907年），张之洞和袁世凯都由封疆大吏入主军机。袁世凯在见到驻北京的德国公使时说："张之洞大人是讲学问的，我是不讲学问，我是讲办事的。"他的幕僚某某将此话转述给我，以为这是袁世凯的得意之谈。我回答说："诚然！但要看看所办是何等事，如果是老妈子倒马桶这样的琐事，自然用不到学问；除了这样的事以外，我不知道天下什么事是没有学问可以办好的。"

（三十四）子曰："民之于仁也，甚于水火。水火，吾见蹈而死者矣，未见蹈仁而死者也。"

辜译

孔子说："老百姓更需要仁德，而不只是需要像水和火这样的必需品。我见过人跳进水里淹死的，落入火中烧死的，却从没看到有人因为践行高尚的仁德而死的。"

（三十五）子曰："当仁，不让于师。"

辜译

孔子说："如果面临道德问题，就是老师也没必要向他妥协谦让。"

（三十六）子曰："君子贞而不谅。"

辜译

孔子说："君子忠诚于大信，而不是拘泥于小信。"

（三十七）子曰："事君，敬其事而后其食。"

辜译

孔子说："侍奉君主时要认真办事，而把领取俸禄的事放在其后。"

（三十八）子曰："有教无类。"

辜译

孔子说："任何人都可以接受教育，没有阶级和门第之分。"

辜解

当今中国乃至世界所需要的，不是"进步"和"改革"，而是"门户开放"，不是政治上或物质上的"门户开放"，而是一种知识和道德意义上的扩展。没有知识上的门户开放，就不可能有真正的心灵开放；没有真正的心灵开放，就不可能有进步。孔子在谈教育时说："有教无类。"也就是任何人都可以接受教育，没有阶级和门第之分。这就是"开放"的真正含义。

（三十九）子曰："道不同，不相为谋。"

辜译

孔子说："如果道德价值观不同，便不会一同谋划商议。"

（四十）子曰："辞达而已矣。"

辜译

孔子说："语言只要能够通俗达意就可以了。"

（四十一）师冕见，及阶，子曰："阶也。"及席，子曰："席也。"皆坐，子告之曰："某在斯，某在斯。"师冕出。子张问曰："与师言之道与？"子曰："然，固相师之道也。"

辜译

一位名叫冕的盲人乐师来拜访孔子，当一起走到台阶前时，孔子说："这是台阶。"走到席子前时，孔子说："这是席子。"等所有人都坐下来，孔子又说："某某在这里，某某在那里。"师冕离开后，子张问孔子："这就是款待乐师的礼节吗？"孔子说："是的，这就是对待盲人的礼节。"

季氏第十六

（一）季氏将伐颛臾。冉有、季路见于孔子曰："季氏将有事于颛臾。"孔子曰："求！无乃尔是过与？夫颛臾，昔者先王以为东蒙主，且在邦域之中矣，是社稷之臣也。何以伐为？"冉有曰："夫子欲之，吾二臣者皆不欲也。"孔子曰："求！周任有言曰：'陈力就列，不能者止。'危而不持，颠而不扶，则将焉用彼相矣？且尔言过矣，虎兕出于柙，龟玉毁于椟中，是谁之过与？"冉有曰："今夫颛臾，固而近于费。今不取，后世必为子孙忧。"孔子曰："求！君子疾夫舍曰欲之而必为之辞。丘也闻有国有家者，不患寡而患不均，不患贫而患不安。盖均无贫，和无寡，安无倾。夫如是，故远人不服，则修文德以来之。既来之，则安之。今由与求也，相夫子，远人不服而不能来也，邦分崩离析而不能守也；而谋动干戈于邦内。吾恐季孙之忧，不在颛臾，而在萧墙之内也。"

辜译

　　鲁国最有权势的贵族季康子准备向其版图内的一个小诸侯国颛臾发起战争，孔子的两位学生冉有和子路在这个贵族家当差，一起来见孔子，把这件事告诉了孔子。孔子对冉有说："求啊，这难道不是你的过错吗？颛臾的国君以前是周天子让他主持东蒙的祭祀的，而且它的国土在我们鲁国的境内，也算是家臣，为什么要攻打家臣呢？"

　　冉有回答说："季孙大夫想要发动这场战争，我们两个人都不同意，我们只是仆人。"

　　孔子说："求，古代的史学家说过，'尽自己的力量去履行你的职务，实在没法做好就辞官。'出现危险不去相助，摔倒了不去搀扶，那辅助之人还有什么存在的意义呢？而且你说的话一点也不对。老虎、犀牛从牢笼里逃了出来，龟甲、玉器在匣子里毁坏了，这些都是谁的错？"

　　冉有说："现在颛臾的城墙非常结实，而且离费邑很近。如果不把它夺过来，将来必定会给子孙带来无穷后患。"

　　孔子说："求，君子厌恶那种不说是自己贪得无厌，却找借口为之狡辩的做法。我听说，对于诸侯和大夫，不会担心贫穷，只担心财富不平均；不担心人口少，只担心不和睦。因为财富平均了，也就没有所谓的贫穷；人与人之间和睦了，就不会觉得人口少；安定了,也就不存在灭亡的危险。正因为这样,所以倘若远方的人不顺从,就用仁、义、礼、乐把他们吸引过来;已经被吸引来的,就让他们安心住下来。现在,由和求你们两个人辅助季氏,远方的人不顺从,而不能吸引他们来;国内人心涣散,你们也不能保全,反而谋划在国内使用武力,我担忧季孙的忧患不在颛臾,而是在宫廷之内啊!"

辜解

在我看来,人类的真正希望不是基督教所宣扬的:"静心以待,你们将看到主的力量。"人类希望的真正基础是孔子的君子之道。那么什么是孔子的君子之道呢?简而言之,就是按公正办事。

基督教宣称:"爱你们的仇敌,不要互相争斗、走向战争。"可是种种教义却引发了许多可怕的战争。相反,孔子则说:"如果必要,你们应该去参战,但你们必须以一种君子风度参战,并像一名君子那样去战。"也就是要为正义而战。那么什么是正义呢?我不能告诉你们,但可以举一个例子:在孔子的家乡鲁国,有一个国王准备发动一场反对国内诸侯的战争。孔子的两名在国王那里谋事的学生拜访孔子时,向孔子讲述了此事。孔子说:"求!无乃尔是过与?"答曰:"否!夫子欲之,吾二臣者皆不欲也。"孔子曰:"且尔言过矣,虎兕出于柙,龟玉毁于椟中,是谁之过与?"冉有曰:"今夫颛臾,固而近于费。今不取,后世必为子孙忧。"孔子曰:"求!君子疾夫舍曰'欲之'而必为之辞。"作为一名君子，你们必须知道，战争的真正目的，并不是屠杀和破坏，而是解除武装。

（二）孔子曰："天下有道，则礼乐征伐自天子出；天下无道，则礼乐征伐自诸侯出。自诸侯出，盖十世希不失矣；自大夫出，五世希不失矣；陪臣执国命，三世希不失矣。天下有道，则政不在大夫；天下有道，则庶人不议。"

辜译

孔子说："天下正常的时候，制作礼乐和出征打仗都是由天子决定的；天下异常的时候，制作礼乐和出征打仗则由诸侯决定；如果国家权力掌握在诸侯手中，能维持十代还能继续的很少见；如果国家权力掌握在贵族手中，能维持五代还能继续的很少见；当再低一级的官员掌握国家大权时，能维持三代而不垮台的也很少见。当国家秩序稳定、司法严明的时候，国家权力就不会落在贵族手中。当国家司法严明、秩序稳定的时候，普通百姓也就不会对国家政治议论纷纷。"

辜解

很多人断言汉语中没有关于"自由"的词汇,其实在汉语中,表示"自由"的字是"道"。当中国人要说某个国家没有自由的时候,就会说"国无道"。这个代表自由的"道",字面意思是道路,但在"自由"这个意义上表示时,就被定义为:遵循我们本性的法则——率性之谓道。而那个表示我们本性法则的"性"字,则被定义为上天的命令或意志——天命之谓性。

(三)孔子曰:"禄之去公室五世矣,政逮于大夫四世矣,故夫三桓之子孙微矣。"

辜译

谈到鲁国的政府状态时,孔子说:"鲁国王室失去国家政权已经有五代了,到现在为止,政权已经掌握在贵族手中四代了。因此,最古老的家族三桓的后代也已经完全衰败了。"

（四）孔子曰："益者三友，损者三友。友直，友谅，友多闻，益矣；友便辟，友善柔，友便佞，损矣。"

辜译

孔子说："有益的朋友有三种，有害的朋友有三种。同正直诚实的人交友，同忠诚守信的人交友，同博学多才的人交友，是有益的。同惯于走歪门邪道的人交友，同曲意奉承的人交友，同油腔滑调的人交友，是有害的。"

（五）孔子曰："益者三乐，损者三乐。乐节礼乐，乐道人之善，乐多贤友，益矣；乐骄乐，乐佚游，乐晏乐，损矣。"

辜译

孔子说："有三种喜好是有益的，有三种喜好是有害的。以礼乐调节自己为喜好，以称道别人的好处为喜好，以有许多贤德之友为喜好，是有益的。奢侈浪费、纵情游乐、大吃大喝，这些喜好是有害的。"

（六）孔子曰："侍于君子有三愆：言未及之而言谓之躁，言及之而不言谓之隐，未见颜色而言谓之瞽。"

辜译

孔子说："有三种错误是人们在尊长面前最容易犯的：没让说话却抢着说话，这是急躁；让说话却保持沉默，这是隐瞒；说话的时候不看别人的表情，这是失察。"

（七）孔子曰："君子有三戒：少之时，血气未定，戒之在色；及其壮也，血气方刚，戒之在斗；及其老也，血气既衰，戒之在得。"

辜译

孔子说："君子有三种事情必须引以为戒。年轻的时候，血气还未成熟，要戒除对女色的迷恋；等到身体发育成熟的阶段，血气方刚，要戒除与人争斗；年老的时候，血气衰弱，要戒除贪婪的欲望。"

（八）孔子曰："君子有三畏：畏天命，畏大人，畏圣人之言。小人不知天命而不畏也，狎大人，侮圣人之言。"

辜译

孔子说:"有三件事情是君子敬畏的:敬畏天命,敬畏掌权的人,敬畏圣人的明智之言。小人不懂得天命,因此不会敬畏天命,不尊重权贵,蔑视圣人的名言。"

辜解

孔子曰:"君子有三畏。"我说:"今天的长官大人有三待:一是以匪徒的方式来对待百姓,二是以犯人的方式来对待学生,三是以奴才的方式来对待下属。"有人问:"什么叫以匪徒的方式来对待百姓呢?"我回答说:"如今各省城、市镇和交通要道之处,全部设有警察巡逻,这难道不是把老百姓当作匪徒吗?"问:"什么叫以犯人的方式来对待学生呢?"我回答说:"现在看那些在学校接受教育的学生,他们功课沉重,和犯人所干的苦力活一样。至于上级像奴才一样对待下属,就更无需解释了!"昔日袁枚即曾给总督上书说:"朝廷在各州县设置官员,是为了给老百姓做父母呢,还是为了让老百姓给总督巡抚们做奴才啊?"

（九）孔子曰："生而知之者上也；学而知之者次也；困而学之，又其次也；困而不学，民斯为下矣。"

辜译

孔子说："上等人生来具备领悟能力；次一等的人通过学习和使用来获得知识；再次一等的人天生愚笨，会遇到困难之后才开始学习；还有一些人遇到困难之后也不去学习，这些人就是下等人了。"

（十）孔子曰："君子有九思：视思明，听思聪，色思温，貌思恭，言思忠，事思敬，疑思问，忿思难，见得思义。"

辜译

孔子说："君子有九种需要考虑的事情：观察的时候，要考虑是否看清；听的时候，要考虑是否听清；自己的脸色，要考虑是否温和；容貌态度，要考虑是否谦恭；说话的时候，要考虑是否诚恳；做事情的时候，要考虑是否谨慎；碰到疑问之时，要考虑是否应该询问别人；愤怒之时，要考虑是否考虑周全；获取利益之时，要考虑是否符合道义。"

（十一）子曰："见善如不及，见不善如探汤。吾见其人矣，吾闻其语矣。隐居以求其志，行义以达其道。吾闻其语矣，未见其人也。"

辜译

孔子说："看到敦厚纯善的行为要努力追求，唯恐自己做不到；看到恶毒欺诈的行动要使劲避开，就像把手放进滚烫的水中一样。我见过这样的人，也听过这样的话。以隐居来保全自己的理想，依照道义来贯彻自己的主张。我听过这样的话，却没有见过这样的人。"

（十二）"诚不以富，亦祇以异。"齐景公有马千驷，死之日，民无德而称焉。伯夷、叔齐饿于首阳之下，民到于今称之。其斯之谓与？

辜译

谈到刚过世的一位诸侯齐景公时，孔子说："齐景公有四千匹马，但是他去世的时候，百姓却认为他没有任何值得称颂的美德。古代的杰出人士伯夷、叔齐，饿死在首阳山下，百姓至今还在赞美他们。其意思正像这首诗所说的：
'钱财乃身外之物，满足他人所需才是追求的目标。'"

（十三）陈亢问于伯鱼曰："子亦有异闻乎？"对曰："未也。尝独立，鲤趋而过庭。曰：'学《诗》乎？'对曰：'未也。''不学《诗》，无以言。'鲤退而学《诗》。他日又独立，鲤趋而过庭。曰：'学礼乎？'对曰：'未也。''不学礼，无以立。'鲤退而学礼。闻斯二者。"陈亢退而喜曰："问一得三。闻《诗》，闻礼，又闻君子之远其子也。"

辜译

有一次，一位宫廷绅士陈亢问孔子的儿子伯鱼："你在老师那里听过什么特别的教诲吗？"伯鱼说："没有。有一次，他一个人站在堂上，我快速穿过大厅，他对我说：'你学习《诗》了么？'我回答说：'没有。'他说：'如果没有学习《诗》，你就不知道如何与人交谈。'于是我回去学习了《诗》。又有一次，他独自一人站在堂上，我快速穿过大厅，他问我：'你学习礼了么？'我回答说：'没有。'他说：'如果你没有学习礼，就不会明白如何立身。'于是我又回去学习礼。"陈亢回去后高兴地说："我问了一件事，却获得了三个方面的知识：听了关于《诗》的道理，听了关于礼的道理，又听了君子不偏心自己儿子的道理。"

（十四）邦君之妻，君称之曰夫人，夫人自称曰小童；邦人称之曰君夫人，称诸异邦曰寡小君；异邦人称之亦曰君夫人。

辜译

一个诸侯国国君的妻子，国君称她为"夫人"，妻子称丈夫为"先生"（自称为"小童"）。本国的老百姓称她为"尊敬的夫人"；本国老百姓对其他国家的人提到她时，称她为"我们善良的王妃"；而其他国家的人对她本国的人提到她时，称她为"你们尊敬的王妃"。

阳货第十七

（一）阳货欲见孔子，孔子不见，归孔子豚。孔子时其亡也，而往拜之，遇诸涂。谓孔子曰："来！予与尔言。"曰："怀其宝而迷其邦，可谓仁乎？"曰："不可。""好从事而亟失时，可谓知乎？"曰："不可。""日月逝矣，岁不我与。"孔子曰："诺，吾将仕矣。"

辜译

一位有影响力的官员阳货在鲁国权贵季氏那里当差。有一次阳货想见孔子，但是孔子不想见他。阳货随后送给孔子一头猪作为礼物，于是孔子趁阳货不在家的时候登门拜访，以表谢意。但是在回家的路上，孔子碰到了阳货。

"请过来，我想和您说说话。"阳货对孔子说，"我想问您，如果有人把自己的学识藏起来,任由国家陷入迷乱,这样的人可以称为仁吗?"孔子回答:"不能。"阳货又问:"如果有人想要参与政事,却多次错过唾手可得的机会,这样的人可以称为智吗?"孔子回答:"不能。"

然后阳货说:"岁月流逝,日复一日,月复一月,时间不等人啊!"孔子回答:"好吧,那我去做官吧。"

(二)子曰:"性相近也,习相远也。"

辜译

孔子说:"人的本性是相近的,只是因为后天习染不同,彼此间才有了差异。"

(三)子曰:"唯上知与下愚不移。"

辜译

孔子说:"只有最聪慧的人和最愚笨的人是无法改变的。"

（四）子之武城，闻弦歌之声。夫子莞尔而笑，曰："割鸡焉用牛刀？"子游对曰："昔者偃也闻诸夫子曰：'君子学道则爱人，小人学道则易使也。'"子曰："二三子！偃之言是也。前言戏之耳。"

辜译

有一次，孔子来到鲁国的一个小镇武城，听到人群中传来音乐和歌声。孔子笑着说道："杀鸡为何要用杀牛刀？"

他的学生子游是这个镇的行政长官，回答说："以前我听您说过，一个国家的君子学习了礼乐就能爱人，百姓学习了礼乐就容易服从政府统治。"

"是的，"孔子回答，然后扭头看向其他在场的学生。"他说得对，我刚才说的只是一句玩笑话。"

（五）公山弗扰以费畔，召，子欲往。子路不说，曰："末之也已，何必公山氏之之也。"子曰："夫召我者而岂徒哉？如有用我者，吾其为东周乎？"

辜译

有一次，鲁国的公山弗扰占据重镇费邑，企图叛乱，派人前来邀请孔子，孔子打算前去。孔子的学生子路不高兴地说："无处可去就算了！您为什么想去公山弗扰那里呢？"

孔子回答："他邀请我去，难道只是说说而已？如果有人想用我，我就要在东方建立起一个周王朝。"

（六）子张问仁于孔子。孔子曰："能行五者于天下为仁矣。"请问之。曰："恭，宽，信，敏，惠。恭则不侮，宽则得众，信则人任焉，敏则有功，惠则足以使人。"

辜译

孔子的学生子张问，什么样可以称为仁？孔子回答："如果处处实行五种品德，就可以称为仁。"子张问："请问是哪五种？"

孔子回答："庄重、宽厚、诚实、勤敏、慈惠。庄重就不会招致侮辱；宽厚就会赢得人心；诚实就能赢得信赖；勤敏就能提高办事效率；慈惠就能使唤别人。"

（七）佛肸召，子欲往。子路曰："昔者由也闻诸夫子曰：'亲于其身为不善者，君子不入也。'佛肸以中牟畔，子之往也，如之何？"子曰："然，有是言也。不曰坚乎，磨而不磷；不曰白乎，涅而不缁。吾岂匏瓜也哉？焉能系而不食？"

辜译

有一次，有个诸侯国的贵族佛肸背叛合法权威，请孔子去见他。孔子有意前往。但是孔子的学生子路说："先生，我以前听您说过，做坏事的人那里，君子是不会去的。现在佛肸占据中牟叛乱，您却要去，这该作何解释？"

孔子回答："是的，我说过这样的话。但是，不是说最坚硬的东西，无论怎么磨也不会磨坏吗？不是说最白的东西，无论怎么弄脏也不会变黑吗？难道我只是个苦涩的葫芦，只能挂起来供人观赏，而无法让人品尝吗？"

（八）子曰："由也，女闻六言六蔽矣乎？"对曰："未也。""居！吾语女。好仁不好学，其蔽也愚；好知不好学，其蔽也荡；好信不好学，其蔽也贼；好直不好学，其蔽也绞；好勇不好学，其蔽也乱；好刚不好学，其蔽也狂。"

辜译

孔子对子路说："由啊，你有没有听说过六种品德和六种弊端？""没有。"子路回答。孔子说："坐下，我来告诉你。爱好仁德而不好学，它的弊端是愚昧无知；爱好智慧而不好学，它的弊端是行为放荡不羁；爱好诚信而不好学，它的弊端是冷酷无情；爱好直率而不好学,它的弊端是说话尖刻;爱好勇敢而不好学,它的弊端是鲁莽作乱;爱好刚强而不好学,它的弊端是狂妄自大。"

(九)子曰:"小子何莫学夫《诗》?《诗》可以兴,可以观,可以群,可以怨。迩之事父,远之事君;多识于鸟兽草木之名。"

辜译

有一次,孔子对他的学生说:"你们年轻人,为什么不学习《诗》呢?《诗》可以激发志向,可以观察天地万象,可以让人明白合群的重要性,可以让人懂得如何讽谏上级。近来可以侍奉父母,远之可以侍奉君主,还可以多了解一些鸟兽草木的名字。"

(华兹华斯谈到诗时说,诗可以在发展中丰富想象力,还能赋予大脑理解的能力,能让人迅速认识事物范畴和道德本质。)

(十)子谓伯鱼曰:"女为《周南》《召南》矣乎?人而不为《周南》《召南》,其犹正墙面而立也与!"

辜译

有一次,孔子对儿子伯鱼说:"你学习《周南》《召南》了吗?一个人如果不学习《周南》《召南》,那就如同对着墙壁站立,不会有任何自己的风格。"

（十一）子曰："礼云礼云，玉帛云乎哉？乐云乐云，钟鼓云乎哉？"

辜译

有一次，孔子说："礼乐啊礼乐，难道说的只是玉帛之类的礼器吗？声乐啊声乐，难道说的只是钟鼓之类的乐器吗？"

辜解

正义和礼法，是孔子教导我们中国人的好公民宗教的本质，也是中国文明的本质。它要求我们要爱正义，做公正的人，做正确的事，并且要合乎礼法。而相比之下，希伯来人的文明宗教教导欧洲人正义的知识，但没有教导礼法；希腊文明教导欧洲人礼法的知识，却没有教导正义。简言之，欧洲宗教说："做好人。"可中国信仰说："做守礼的好人。"基督教说："爱别人。"而孔子说："爱人以礼。"守礼并坚持对正义的信仰，即我所说的好公民宗教。

(十二)子曰:"色厉而内荏,譬诸小人,其犹穿窬之盗也与?"

辜译

孔子说:"一个人外表严厉而内心懦弱,这不就是一个卑劣的小人吗?不就是一个挖洞爬墙的小偷吗?"

辜解

端方的一个幕僚曾说:"如果政府举行一场考试,测试一下中国的督抚之中谁最没有良心,那么端方总督必得头奖。"端方是一个满洲贵族,但他彻底丧失了英雄主义和高贵品质。但说句公道话,比起袁世凯来,端方还是要强得多,因为他毕竟在血液里还有或者曾经有过英雄主义和高贵品格,这种英雄主义和高贵品质的毁坏,使他感到痛苦,就像罗斯伯里患了可怕的"失眠症"一样。所以,他这种人对国家和民族最大的危害在于,他们身居高位以后,那些寄生虫,国内的那些邪恶分子便蜂拥而至,聚集到他的周围,像一块臭肉上的蚂蚁或杆菌,不仅损害这些虚弱者自身的身体,而且危及一个民族和国家的道德命脉和经济命脉。

孔子说:"色厉而内荏,譬诸小人,其犹穿窬之盗也与?"这就是孔子对于英国的罗斯伯里勋爵和中国的满洲贵族端方这种人、这种自称为帝国主义者的现代新人所作的描绘。

（十三）子曰："乡愿，德之贼也。"

辜译

孔子说："那些在地方温文尔雅、受人尊重的伪君子，正是无情地摧毁人心中所有道德意识的人。"

辜解

孔子说："君子喻于义，小人喻于利。"又说："乡愿，德之贼也。"在法国大革命时期，有一次，有人在人群中高声叫喊："我要求把乱臣贼子们抓起来！"上天作证，我认为，对1900年在北京发生的"义和团"围攻列国使馆一事负有责任的真正罪人，绝不是端王殿下和义和团的战士们，甚至也不是犹太高利贷商和传教士们，而是那些来自西方世界的居心叵测的乱臣贼子们。没有他们的入侵，就不会有犹太高利贷商的存在，那些自称为"上帝的仆人"的传教士们也不会四处为害中国——甚至还可能真的如愿以偿地为中国做些好事呢。

（十四）子曰："道听而涂说，德之弃也。"

辜译

孔子说："听到大街上的传言就随意宣扬，这是有道德的人所唾弃的。"

（十五）子曰："鄙夫可与事君也与哉？其未得之也，患得之。既得之，患失之。苟患失之，无所不至矣。"

辜译

在谈到当时一些公众人物时，孔子说："可以和卑鄙可耻的人共同侍奉君主吗？他们在没有得到官职的时候，总害怕得不到；已经得到了，又害怕失去。倘若害怕失去官职，那他们还有什么事情干不出来呢！"

辜解

宋代司马光曾说，为官之人应具备三个条件：一不爱富贵，二重惜名节，三晓知治体。三者俱备，才可以成为合格的谏官，但要兼具这三种品格实在太难了。近日江春霖御史因弹劾权贵而被贬官，于是他愤然辞官归隐乡里，因此名声震动朝廷内外，人们都说他是真御史。我认为，江御史不畏惧权贵，这是重视名声气节；他愤然辞官归隐乡里，这是不爱慕富贵。然而现在国事衰败，难道是和以前各朝一样有大奸大恶之人，把持朝政作威作福而造成的吗？如今朝廷上下皆把愚昧无耻当作进退有度，把模棱两可当作合乎时宜，不学无术却不知自己的愚蠢之处，以结党营私来表现自己的智慧，这些患得患失的鄙夫小人，都会导致国破家亡啊！

（十六）子曰："古者民有三疾，今也或是之亡也。古之狂也肆，今之狂也荡；古之矜也廉，今之矜也忿戾；古之愚也直，今之愚也诈而已矣。"

辜译

孔子说："在古代，人有三种缺陷，现在可能连这三种缺陷都不再是原来的样子。古代的狂人仅仅是愿望过高，而现在的狂人却是放荡无礼；古代的傲气之人只是让人难以接近，而现在的骄傲之人却凶狠蛮横；古代的愚笨之人只是比较直率，而现在的愚笨之人却是狡诈！"

辜解

孔子说:"古者民有三疾,今也或是之亡也……古之矜也廉,今之矜也忿戾。"这是当今一类英国贵族的真实写照,而索尔兹伯里勋爵就是这类人中最突出的代表。这类英国贵族向来非常傲慢,有时甚至到了专横的地步。爱默生曾说:"在英格兰,人们普遍认为:一个人能否拥有显赫的声名,完全取决于其拥有的财富和家族门第。这样的事让我感到无法容忍。而一个有学问的人,哪怕他取得了再大的成就,都无法被上流社会所接纳,这会迫使他通过投机取巧的手段来把自己打造成为一个社交界的明星。"正因为如此,当上个世纪的英国处于风雨飘摇的革命浪潮之中时,竟没有一个真正有能力的人站出来帮助贵族或国家的统治阶层。正如孔子所说,英国人的缺陷显得越发可怕了。

(十七)子曰:"巧言令色,鲜矣仁。"

辜译

孔子说:"满嘴花言巧语,却装出和颜悦色的样子,这种人绝不是德高望重的人。"

（十八）子曰："恶紫之夺朱也，恶郑声之乱雅乐也，恶利口之覆邦家者。"

辜译

孔子说："我讨厌紫色夺去了朱红色的光彩和地位，讨厌郑国的声乐扰乱了典雅的乐曲，讨厌用强嘴利舌颠覆国家这样的事情。"

（十九）子曰："予欲无言。"子贡曰："子如不言，则小子何述焉？"子曰："天何言哉？四时行焉，百物生焉，天何言哉？"

辜译

有一次孔子说："我不想说话了。"孔子的学生子贡问："如果您不说话，那我们这些学生还能传述什么呢？"孔子说："抬头看看天吧，天有说话吗？四季照常更换，万物照常生长，天说话了吗？"

（二十）孺悲欲见孔子，孔子辞以疾。将命者出户，取瑟而歌，使之闻之。

辜译

孺悲想见孔子,但孔子以生病为由推辞不见。传话的人刚走出门,孔子就拿来瑟边弹边唱,有意让孺悲听见。

(二十一)宰我问:"三年之丧,期已久矣。君子三年不为礼,礼必坏;三年不为乐,乐必崩。旧谷既没,新谷既升,钻燧改火,期可已矣。"子曰:"食夫稻,衣夫锦,于女安乎?"曰:"安。""女安则为之!夫君子之居丧,食旨不甘,闻乐不乐,居处不安,故不为也。今女安,则为之!"宰我出,子曰:"予之不仁也!子生三年,然后免于父母之怀。夫三年之丧,天下之通丧也。予也有三年之爱于其父母乎!"

辜译

孔子的学生宰我问孔子关于为父母守孝三年的事情,认为守孝一年就够了。他说:"因为如果一位君子在三年之中不学习礼仪并在生活中运用,就会忘掉礼仪知识;假如将音乐荒废三年,也会完全忘记。而且按照自然生长规律,一年之中,割掉的陈谷已经吃完,土地里长出了新的谷物;一年之中,烧火用的各种木头也长了一个轮回。因此,我相信,一年之后,哀痛可能会减轻。"

孔子回答:"如果服丧一年后,就开始吃美食穿华服,你会感到心安理得吗？"

"我会的。"学生宰我回答。

孔子回答："如果你觉得心安理得，就那么做吧。但是君子在三年守孝期间，吃美味不觉得可口，听音乐不觉得开心，住在家里感觉不到舒适，因此才不这样做。现在既然你觉得心安理得，你就那么做吧！"

宰我离开后，孔子说："这个人真是没有仁德呀！小孩子出生后三年才能离开父母的怀抱。现在为父母守孝三年是天下公认的丧礼。至于这个人，他在孩提时难道就没有享受到父母的疼爱吗？"

（二十二）子曰："饱食终日，无所用心，难矣哉！不有博弈者乎？为之犹贤乎已。"

辜译

孔子说："一个人如果整天只是享用各种丰盛的食物，脑子里什么也不用想，这将是多么可怕的事呀！难道没有赌博、下棋之类的游戏吗？哪怕是做这样的事情，也比无所事事要强得多。"

（二十三）子路曰："君子尚勇乎？"子曰："君子义以为上。君子有勇而无义为乱，小人有勇而无义为盗。"

辜译

孔子的学生子路问:"君子崇尚英勇吗?"孔子说:"君子将义作为最崇高的美德,君子若有勇无义就会作乱,小人有勇无义就会偷盗。"

(二十四)子贡曰:"君子亦有恶乎?"子曰:"有恶。恶称人之恶者,恶居下流而讪上者,恶勇而无礼者,恶果敢而窒者。"曰:"赐也亦有恶乎?""恶徼以为知者,恶不孙以为勇者,恶讦以为直者。"

辜译

孔子的学生子贡问:"君子也会有憎恨的事情吗?"

孔子回答:"有憎恨的事情。君子憎恨那些到处宣扬他人恶劣品行的人;憎恨那些自己生活水平低下、品格不端,却极力贬低为追求生活而积极向上的人;憎恨那些勇猛却不懂礼仪的人;憎恨那些顽固不化却思想狭隘、自私自利的人。"

孔子又问:"赐,你是不是也有憎恨的事情啊?"

"是的。"学生子贡回答,"我憎恨那些吹毛求疵却自以为聪明的人;我憎恨那些专横跋扈却自以为勇敢的人;我憎恨那些揭发他人隐私却自以为正直的人。"

（二十五）子曰："唯女子与小人为难养也，近之则不孙，远之则怨。"

辜译

孔子说："对于所有人来说，年轻女人和小人是最难相处的。如果和他们亲近，他们会忘记自己的身份；假如疏远他们，他们就会牢骚满腹。"

（二十六）子曰："年四十而见恶焉，其终也已。"

辜译

孔子说："如果到了四十岁还是被大家厌恶，那么他到死也会这样。"

微子第十八

（一）微子去之，箕子为之奴，比干谏而死。孔子曰："殷有三仁焉。"

辜译

当殷朝衰败的时候，王室的三位成员微子离开了国家，箕子做了奴隶，比干因为屡次强谏激怒纣王而被杀。孔子说："这是殷朝的三位仁者啊！"（微子据说是孔子的远祖。）

（二）柳下惠为士师，三黜。人曰："子未可以去乎？"曰："直道而事人，焉往而不三黜？枉道而事人，何必去父母之邦？"

辜译

孔子评价当时一位杰出人士柳下惠时说："他作为典狱官，三次被撤职。有人对他说：'你不可以离开鲁国吗？'柳下惠说：'正直地侍奉君主，去哪里不会被撤职呢？如果不正直地侍奉君主，为什么非要离开自己的国家呢？'"

（三）齐景公待孔子曰："若季氏，则吾不能；以季、孟之间待之。"曰："吾老矣，不能用也。"孔子行。

辜译

有一次，齐国在位的君主齐景公想聘用孔子，但是却说："我不能让他做部长（即鲁君对待季氏的待遇），但是可以让他当我的私人顾问。"他又继续说："我已老了，不能采纳他的建议了。"孔子听到这些话之后，离开了这个国家。

（四）齐人归女乐，季桓子受之，三日不朝。孔子行。

辜译

孔子担任鲁国司法部长以后，有一次掌握政府大权的季桓子接受了齐国赠送的一些歌女，并成天和她们待在一起，连着三天没有上朝。于是孔子辞职，离开了自己的国家。

辜鸿铭讲论语

（五）楚狂接舆歌而过孔子曰："凤兮凤兮！何德之衰？往者不可谏，来者犹可追。已而已而！今之从政者殆而！"孔子下，欲与之言。趋而辟之，不得与之言。

辜译

有一次，孔子在周游列国的时候，一位楚国的狂人接舆唱着歌经过孔子的车。他唱道：

"凤凰啊，凤凰！

你的德运怎么这么衰弱？

过去的已经不可挽回，

未来的还来得及改正。

算了吧，算了吧！

今天的达官贵人们，

你们的危险紧相连！"

孔子听到后很高兴，想同这个人交谈。但是这个人却赶快避开，孔子没能和他说上话。

（六）长沮、桀溺耦而耕。孔子过之，使子路问津焉。长沮曰："夫执舆者为谁？"子路曰："为孔丘。"曰："是鲁孔丘与？"曰："是也。"曰："是知津矣。"问于桀溺。桀溺曰："子为谁？"曰："为仲由。"曰："是鲁孔丘之徒与？"对曰："然。"曰：

"滔滔者天下皆是也,而谁以易之?且而与其从辟人之士也,岂若从辟世之士哉?"耰而不辍。子路行以告。夫子怃然曰:"鸟兽不可与同群,吾非斯人之徒与而谁与?天下有道,丘不与易也。"

辜译

有一次,孔子周游列国时,看到长沮、桀溺在田间劳作,就让学生子路去问渡口在哪里。

子路来到两人身边,长沮问:"那个手执缰绳的人是谁?"

子路说:"是孔子。"

长沮问:"是鲁国的孔丘吗?"

子路说:"是的。"

长沮说:"那他应该知道渡口在哪里。"

子路又去问桀溺。桀溺说:"你是谁?"

子路说:"我是仲由。"

桀溺说:"你就是鲁国孔丘的学生吗?"

子路说:"是的。"

桀溺说:"社会上遍布洪流一样的坏东西,你们跟谁一起去改变呢?而且,你们与其追随从一个国家到另一个国家乱窜的人,还不如跟随我们这些躲避乱世的人。"说完这些话,桀溺仍旧在田间不停地劳作,不再关心子路的问题。

子路回来后把这两个人的话告诉了孔子。孔子很失望地说:"人不可以同飞禽走兽一起生存。如果我不和这世上的人打交道，还能和谁打交道呢？假如社会秩序稳定，我就不会跟你们一起去要求改革了。"

（七）子路从而后，遇丈人，以杖荷蓧。子路问曰："子见夫子乎？"丈人曰："四体不勤，五谷不分，孰为夫子？"植其杖而芸。子路拱而立。止子路宿，杀鸡为黍而食之。见其二子焉。明日，子路行以告。子曰："隐者也。"使子路反见之。至，则行矣。子路曰："不仕无义。长幼之节，不可废也；君臣之义，如之何其废之？欲洁其身，而乱大伦。君子之仕也，行其义也。道之不行，已知之矣。

辜译

有一次，孔子周游列国时，他的学生子路跟在后面走散了，遇到一位老人，用棍子挑着除草的工具。子路问他："您看到我的老师了吗？"老人看着他，粗暴地说："你手脚不劳动，五谷分不清，谁知道你的老师是什么人？"

说完，老人插好棍子，蹲下身来除草。但是子路双手交叉放在胸前，礼貌地站在一边。

之后，老人将子路带回家，让他在家里住了一晚上，杀了一只鸡，做了白米饭给子路吃。老人还叫自己的两个儿子出来见子路。

第二天，子路继续赶路，同孔子会合，并把这件事告诉了孔子。

孔子说:"这是一位隐士。"就让子路再回去找老人。子路回到原来的地方,老人已经不见了。

子路说:"拒绝出来做官是不对的。在家庭内部,长幼关系是不能废除的;上至国家,君臣之间的关系又怎么能忽视呢?想要自身清白,却破坏了根本的君臣关系。君子做官,只是为了行使君臣之义。至于天道的行不通,是君子早就知道的事情。"

辜解

张之洞的《劝学篇》和纽曼博士的《自辩书》一样,是人类智识发生微妙偏差的一个突出例证。他们都认为,明辨是非的真理和道德准则都不是绝对的,不是对任何人、在任何情况下都有约束力。这种弱点,使得他们成为极端的理想主义者——那种才智被过于强烈的空想所歪曲的人。所以孔子说:"道之不行,我知之矣。智者过之,愚者不及也。"

(八)逸民:伯夷、叔齐、虞仲、夷逸、朱张、柳下惠、少连。子曰:"不降其志,不辱其身,伯夷、叔齐与!"谓:"柳下惠、少连降志辱身矣,言中伦,行中虑,其斯而已矣。"谓:"虞仲、夷逸隐居放言,身中清,废中权。我则异于是,无可无不可。"

辜译

伯夷、叔齐、虞仲、夷逸、朱张、柳下惠、少连，这些都是古代著名的隐士。谈到这些人时，孔子评价伯夷和叔齐说："他们之所以隐居，是因为不愿放弃自己的最高目标，免得自己的名誉受损。"而柳下惠和少连最后也选择隐居，孔子评价说："他们被迫放弃自己的崇高目标，使自己的名誉受损，但是他们说的话句句在理，所做的事也合乎人心。"在评价虞仲、夷逸时，孔子说："他们过着严格的隐居生活，与社会完全断绝往来，但是他们洁身自爱，完全同社会隔离，能正确判断事情。"

最后孔子说："至于我自己，我和上面提到的这六个人完全不同，既可以这样做，也可以那样做。"

（九）大师挚适齐，亚饭干适楚，三饭缭适蔡，四饭缺适秦，鼓方叔入于河，播鼗武入于汉，少师阳、击磬襄入于海。

辜译

这一段只是给出了当时一些著名音乐家和伟大画家的名字，因为当时艺术的衰败和艺术赞助的缺失，这些人不得不从一个诸侯国流落到另一个诸侯国。有一个人据说甚至漂洋过海——或许去了日本！

（十）周公谓鲁公曰："君子不施其亲，不使大臣怨乎不以。故旧无大故，则不弃也。无求备于一人。"

辜译

鲁国的最早创立者周公是周朝的开国元老，他对鲁公说："统治者绝不能忽视近亲，也绝不能让大臣抱怨他们的建议不被采纳。老朋友和大臣如果没有犯大错，就绝不能抛弃。不要期望有人无所不能。"

（十一）周有八士：伯达、伯适、仲突、仲忽、叔夜、叔夏、季随、季騧。

辜译

周朝有八位著名的士人：伯达、伯适、伯突、仲忽、叔夜、叔夏、季随、季騧。

子张第十九

（一）子张曰："士见危致命，见得思义，祭思敬，丧思哀，其可已矣。"

辜译

孔子的学生子张说："士人碰到危险的时候，应随时准备牺牲生命；面对利益的时候，应想到是否符合道德要求；在祭祀的时候，应想到严肃认真；在哀悼的时候，应表现出发自内心的悲伤。士人做到这些就可以了。"

（二）子张曰："执德不弘，信道不笃，焉能为有？焉能为亡？"

辜译

子张说："实行美德却不能广为弘扬，只是信仰道却不能坚持，这样的人怎么能说他有美德和信仰，又怎么能说他没有美德和信仰呢？"

（三）子夏之门人问交于子张。子张曰："子夏云何？"对曰："子夏曰：'可者与之，其不可者拒之。'"子张曰："异乎吾所闻。君子尊贤而容众，嘉善而矜不能。我之大贤与，于人何所不容？我之不贤与，人将拒我，如之何其拒人也？"

辜译

子夏的学生向子张请教交友的问题。子张说："你们老师子夏对这个问题是怎么回答的？"学生回答："老师说，可以交的就和他交朋友，不可以交的就拒绝和他交朋友。"

子张说："这和我学到的不一样。君子既尊敬圣贤，又能宽容普通人；能称赞各方面都很优秀的人，也能同情能力不够的人。假如我十分优秀，那么我对别人有什么不可容忍的呢？假如我不够优秀，那么大家就会拒绝和我交往，我又何谈拒绝和别人交往呢？"

（四）子夏曰："虽小道，必有可观者焉，致远恐泥，是以君子不为也。"

辜译

孔子的学生子夏说："即使是一些细小而无足轻重的技艺,也必定有值得借鉴的地方。但是要想依靠它来实现崇高目标就不现实了,因此君子绝不会迷恋这些东西。"

辜解

在新的文明之中,自由者是那种既不需皮鞭警棍,也不需地狱炼火的人,他行为端正是因为他喜欢与人为善;他不做错事,也不是出于卑鄙的动机或因为胆怯,而是因为他讨厌作恶。他循规蹈矩不是因为外在的权威,而是听从于内在的理性和良心的召唤。没有统治者他也能够生存,但无法无道他就活不下去。因此,中国人把这种有教养的先生称为君子。

(五)子夏曰:"日知其所亡,月无忘其所能,可谓好学也已矣。"

辜译

孔子的学生子夏说："每天都学一些以前不知道的东西,每月都不忘记已经学到的东西,肯定会成为知识渊博的人。"

（六）子夏曰："博学而笃志，切问而近思，仁在其中矣。"

辜译

孔子的学生子夏说："博览群书，而且对目标坚持不懈，仔细复习所学知识，并将它应用到个人实践中，仁德自然就在这里面了。"

（七）子夏曰："百工居肆以成其事，君子学以致其道。"

辜译

孔子的学生子夏说："就像各行各业的工匠在作坊里学习他们的工作，学者通过学习来增长智慧。"

（八）子夏曰："小人之过也必文。"

辜译

孔子的学生子夏说："当做错了事情时，愚蠢的人总是有各种借口。"

（九）子夏曰："君子有三变：望之俨然，即之也温，听其言也厉。"

辜译

孔子的学生子夏说："君子从三个方面看上去与众不同：在远处观察他显得严厉苛刻，接近后却发现他和蔼可亲，听他讲话觉得非常认真。"

（十）子夏曰："君子信而后劳其民，未信，则以为厉己也；信而后谏，未信，则以为谤己也。"

辜译

孔子的学生子夏说："君子在让老百姓艰苦劳动前，必定先获得他们的信任，否则老百姓会认为是压迫。君子在冒险指出上司的错误前，必定先获得上司的信任，否则上司会认为他是故意挑错。"

（十一）子夏曰："大德不逾闲，小德出入可也。"

辜译

孔子的学生子夏说："在道德原则的关键问题上，应当严格保持在界限之内；在小的问题上，稍微放松一点是可以的。"

（十二）子游曰："子夏之门人小子，当洒扫、应对、进退，则可矣，抑末也。本之则无，如之何？"子夏闻之，曰："噫，言游过矣！君子之道，孰先传焉？孰后倦焉？譬诸草木，区以别矣。君子之道，焉可诬也？有始有卒者，其惟圣人乎！"

辜译

谈到子夏的几个学生，孔子的学生子游说："这几个年轻人打扫卫生和迎宾送客还可以，但这只是细枝末节，他们基础的东西并没有学到，这怎么行呢？"子夏听到这样的评论，他对子游说："这你就错了。在教育他们时，君子之道是考虑应该先教什么，后教什么。就像对待植物一样，要根据不同情况区别对待的。君子在教育的时候，怎么能随便歪曲，欺骗学生呢？只有圣人才能按照次序，有始有终地教学生吧！"

（十三）子夏曰："仕而优则学，学而优则仕。"

辜译

孔子的学生子夏说："如果做官有余力，还应该致力于学习。如果学习有余力，还应该致力于做官。"

（十四）子游曰："丧致乎哀而止。"

辜译

孔子的学生子游说："办理丧事时必须有发自内心的悲伤。"

（十五）子游曰："吾友张也为难能也，然而未仁。"

辜译

孔子的学生子游在提到另一位学生子张时说："我的好朋友子张可以做其他人不能做的事情，但是在道德品质上他还不够完美。"

（十六）曾子曰："堂堂乎张也，难与并为仁矣。"

辜译

孔子的学生曾参谈到上面提到的学生子张时说："这个人到底是什么样的人！确实很难和这样的人一起过道德高尚的生活！"

（十七）曾子曰："吾闻诸夫子：人未有自致者也，必也亲丧乎！"

辜译

同一位学生曾参说："我听先生说过，人总是意识不到自己内心的情感，直到父母去世时才会感到特别哀痛。"

（十八）曾子曰："吾闻诸夫子：孟庄子之孝也，其他可能也；其不改父之臣与父之政，是难能也。"

辜译

曾参说："我听先生谈到一位贵族孟庄子行孝的事情说：'他在父亲死后所做的事情，其他人也能做到。但是他保留了父亲的旧臣，继续执行父亲的政治制度，这是其他人很难做到的。'"

（十九）孟氏使阳肤为士师，问于曾子。曾子曰："上失其道，民散久矣。如得其情，则哀矜而勿喜。"

辜译

鲁国总理孟孙氏任命曾参的学生阳肤做刑事大法官，阳肤向曾参请教，曾参说："统治者偏离正道，老百姓早就民心涣散。你如果发现足够证据证明有人犯罪，应该感到怜惜并宽恕他，而不该沾沾自喜。"

人们现在谈论"发展"。根据歌德的意思，"发展"应该是指人类朝着更加人性化的方向进步。以此来判断，中国在两千多年前，似乎已经在人类文明的发展上取得了实质进展。

（二十）子贡曰："纣之不善，不如是之甚也。是以君子恶居下流，天下之恶皆归焉。"

辜译

孔子的学生子贡谈到古代一位暴君商纣王时说："他的邪恶并不像传统记载中的那么坏。因此，君子不会不顾大家的反对而坚持低贱卑微的生活，否则人们会将天底下所有声名狼藉的罪名都归到他头上。"

（二十一）子贡曰："君子之过也，如日月之食焉：过也，人皆见之；更也，人皆仰之。"

辜译

孔子的学生子贡说："君子的过错就像日食和月食一样。当他犯下错误的时候，所有人都可以看到。但是，当他纠正错误时，所有人都会抬头敬仰他。"

（二十二）卫公孙朝问于子贡曰："仲尼焉学？"子贡曰："文武之道，未坠于地，在人。贤者识其大者，不贤者识其小者，莫不有文武之道焉。夫子焉不学？而亦何常师之有？"

辜译

卫国的一位朝廷官员公孙朝问孔子的学生子贡："孔子是从谁那里学到学问的？"子贡回答："古人所秉持的宗教和道德准则并没有失传，它还留在人们中间。即使现在，在人群中，聪明而杰出的人能抓住大处，不贤之人也能理解它的末节。至于我们老师，他何处不能学，为何必须有一位特定的老师呢？"

（二十三）叔孙武叔语大夫于朝曰："子贡贤于仲尼。"子服景伯以告子贡。子贡曰："譬之宫墙，赐之墙也及肩，窥见室家之好。夫子之墙数仞，不得其门而入，不见宗庙之美，百官之富，得其门者或寡矣。夫子之云，不亦宜乎！"

辜译

鲁国一位朝廷官员叔孙武叔对孔子的一位学生子贡十分敬仰，当着其他朝廷官员说："在我看来，孔子这位学生比孔子本人更优秀。"后来，另一位朝廷官员子服景伯把这话告诉了子贡，子贡说："我们可以用两栋房子做比较。我建的房子的墙只有肩膀高，有人通过墙壁就能一眼看到里面所有值钱的东西；但是老师建的房子围墙有几丈高，如果有人找不到进房子的门，那就永远不会发现里面的艺术珍宝及里面人的尊荣。然而，或许只有很少的人找到了进入的门。因此，我对那个官员所说的话并不感到吃惊。"

（二十四）叔孙武叔毁仲尼。子贡曰："无以为也！仲尼不可毁也。他人之贤者，丘陵也，犹可逾也；仲尼，日月也，无得而逾焉。人虽欲自绝，其何伤于日月乎？多见其不知量也。"

辜译

有一次，叔孙武叔贬低孔子的形象。子贡听到后说："这么做对他毫无益处。从来没有人能诋毁得了老师。其他人的道德智慧就好像一座可以攀越的小山丘，而老师的道德智慧却像太阳和月亮，永远没有人能超越。有人纵使自绝也想超越老师，但是日月依然如故。要想超越老师，仅仅是表现出了内心的愿望，也是不自量力的表现。"

（二十五）陈子禽谓子贡曰："子为恭也，仲尼岂贤于子乎？"子贡曰："君子一言以为知，一言以为不知，言不可不慎也。夫子之不可及也，犹天之不可阶而升也。夫子之得邦家者，所谓立之斯立，道之斯行，绥之斯来，动之斯和。其生也荣，其死也哀，如之何其可及也？"

辜译

有一次，陈亢对孔子的学生子贡说："你太谦虚了，孔子怎么能比你优秀呢？"子贡回答："因为一句话，一个有教养的人会被认为是善解人意的人；也因为一句话，一个人会被认为是傻瓜。因此，您说话的确要谨慎。现在孔子没有人比得上，就像没有人能攀上天一样。如果我们老师生在帝王之家，那么他可能已经实现了传说中古代圣贤帝王所做的事情：'他所主张的事情会变成法律；所命令的事情会立即得到执行；不管在哪里召集百姓，百姓都会跟随；其影响所及，就会和平；只要他活着，就会被全世界爱戴；当他去世的时候，全世界都会哀悼。'怎么可能有人比得上他呢！"

尧曰第二十

（一）尧曰："咨！尔舜！天之历数在尔躬，允执其中。四海困穷，天禄永终。"舜亦以命禹。曰："予小子履，敢用玄牡，敢昭告于皇皇后帝：有罪不敢赦。帝臣不蔽，简在帝心。朕躬有罪，无以万方；万方有罪，罪在朕躬。"周有大赉，善人是富。"虽有周亲，不如仁人。百姓有过，在予一人。"谨权量，审法度，修废官，四方之政行焉；兴灭国，继绝世，举逸民，天下之民归心焉。所重：民，食，丧，祭。宽则得众，信则民任焉。敏则有功，公则说。

辜译

帝尧年老的时候将帝位禅让给舜，并告诫舜说："哎，舜！上天的使命现在落到你身上了。请全心全意保持正义之道。如果天下百姓遭到苦难，上天赐予你的头衔和荣誉将永远消失。"之后，帝舜将帝位禅让给禹，也说了同样的话。

商王汤登上帝位的时候，这样向上天祈祷："本人履，您的孩子，在此谨用黑色的公牛来祭祀您，向您祈祷并起誓，至高无上的天，那些有罪的人我不敢擅自赦免，选择仆人时向您祈祷，我的上天，您要让我知道您的意愿和喜悦。如果我冒犯了您，不要让百姓因为我的罪过而受苦。但是如果百姓冒犯了您，就让我一人来承担他们的过错！"

周朝建立的时候，国家繁荣昌盛，但是只有好人生活富裕。

帝王们用下面这些话所总结的原则来指引自己："尽管我有至亲，但他们仍比不上道德高尚的人。如果百姓行为不端，就让我们自己受到责罚。"

帝王们调整和统一了度量衡，制定了法令，重建了被荒废的办公场所，这样整个帝国的管理就能顺利展开。他们恢复被灭亡了的国家和贵族家族，任用品德高尚、博学智慧的隐逸之士，这样天下的百姓就乐意接受政府的统治。

政府特别重视的四件事情是：百姓、粮食、丧礼和祭祀。体谅他人，就能深得民心；诚挚待人，百姓对政府就有信任；勤勉执政，就能取得成就；公平公正，百姓就会心悦诚服。

辜解

有人认为，如果一个人成了大富翁，是件非常有害的事情。而我却认为这绝不是坏事，但有一个条件。孔子曾说："周有大赍，善人是富。"也就是说，周朝做了一件好事，那就是让当时道德高尚的人成了富翁。成为富翁绝不是一件坏事，问题在于如何支配这些财富，如果不懂得这一点，即 How to spend money，那么拥有财富很可能会变成一种罪恶。而懂得如何支配钱财的富翁，他绝不会用这些钱去做低俗罪恶的事情，而是用于高尚的事业。如果能明确这些，有钱就不是坏事。

（二）子张问孔子曰："何如斯可以从政矣？"子曰："尊五美，屏四恶，斯可以从政矣。"子张曰："何谓五美？"子曰："君子惠而不费，劳而不怨，欲而不贪，泰而不骄，威而不猛。"子张曰："何谓惠而不费？"子曰："因民之所利而利之，斯不亦惠而不费乎？择可劳而劳之，又谁怨？欲仁而得仁，又焉贪？君子无众寡，无大小，无敢慢，斯不亦泰而不骄乎？君子正其衣冠，尊其瞻视，俨然人望而畏之，斯不亦威而不猛乎？"子张曰："何谓四恶？"子曰："不教而杀谓之虐；不戒视成谓之暴；慢令致期谓之贼；犹之与人也，出纳之吝谓之有司。"

辜译

孔子的学生子张问孔子："怎么做才能处理好国家政事？"

孔子回答："尊崇五种美德，避免四种恶政，这样就可以处理好政事了。"

子张问:"必须遵守的五种美德是什么?"

孔子回答:"使百姓受益,而不浪费国家资源;让百姓劳作,却不让他们有所抱怨;追求仁德,而不贪图钱财和名利;庄重矜持,却不目中无人;让人敬畏,却不严厉。"

子张又问:"使百姓受益,而不浪费国家资源,怎样才能做到呢?"

孔子回答:"就是鼓励百姓从事一些自己能获得最大收益的事,而不必通过公共财政来提供帮助,这就是让百姓受益而国家分文不出!"

然后孔子继续说:"选择让多数人可以接受的劳动时间和事情让他们去做,还有谁会抱怨呢?自己追求仁德也就拥有了仁,还有什么可贪婪的呢?君子不管是和个别人还是和很多人交往,也不管事大事小,都不会专横跋扈,不会将事情认为是理所当然或不必严肃对待,这就是庄重且不目中无人。最后,君子着装体面,目不斜视,人们见了就会产生敬畏之心,这不就是让人敬畏且不严厉吗?"

子张说:"您提到的四种恶政又是什么呢?"

孔子回答:"一是残忍,对因为忽略教育导致的无知犯罪予以过度惩罚;二是专制,不提前明确公告就对百姓触犯法律的行为实施惩罚;三是冷酷,指命令尚不确定就突然通过惩罚来强制执行;四是吝啬,对待下属过于算计抠门,这被称为职业人士,而不是绅士。"

（三）孔子曰："不知命，无以为君子也；不知礼，无以立也；不知信，无以知人也。"

辜译

孔子说："没有信仰，就不能成为君子；不懂礼仪，就不能立身处世；不懂得分辨他人的言语，就不能真正了解他。"

辜解

孔子说："不知命，无以为君子也。"他说的"天命"，是指宇宙之中万事万物共同遵守的终极神圣法则。在孔子的时代，还没有普通人能够理解这些对宇宙法则的思考，而只有像孔子这样伟大的哲学家能够理解。这种宇宙法则，可以被称为君子律法——西方人则称之为道德律法。虽然孔子在《中庸》中说："君子之道，费而隐。"但他又在另一个地方说，就算是智力低下之人，也能很容易地明白这些道理，并根据天性来自觉遵守这些道理。